語根で覚える英単語プラス

語源によるサクサク英単語
10倍記憶法

池田 和夫 [監修]　研究社辞書編集部 [編]

研究社

まえがき

　高度な英語力を身につけるためには語彙力の強化が不可欠です．語彙力は社会的，職業的な成功と結びついたり，その人の知的レベルとみなされる場合があります．それでは英単語を効率よく覚えるにはどのようにしたらよいのでしょうか．

　英文を読むときに，知らない単語の意味を文脈から判断できる場合もありますが，比較的長い単語の中には接頭辞・語根・接尾辞などに分解し，単語の本来の意味を知ることでそこで使われている単語の意味を推測することができるものがあります．例えば，army, alarm, armor, armament, disarm に共通する語根 arm を持つ語をグループとして覚えることにより各単語の意味が理解しやすくなり，記憶にも残り，またその語全体のイメージもわくようになります．また少数の語根と接頭辞・接尾辞を覚えることで未知の単語の意味を推測することもでき，多くの単語を一気に記憶することが出来るようになるでしょう．

　このような趣旨で「単語の記憶」のコラム記事が 1990 年に『ライトハウス英和辞典』（第 2 版）に最初に掲載されましたが，以来『カレッジライトハウス英和辞典』，『ルミナス英和辞典』にも引き継がれました．

　そしてさらに新しい項目を加えた『語根で覚える英単語』が 2008 年 8 月に発売されましたが，多くの読者の方々から好意的なご意見をいただきました．その中でもっと多くの単語を扱ってほしいという要望が寄せられ，今回再び高校生・大学生から社会人までを対象に，その続編を企画いたしました．

　本書では既刊の『語根で覚える英単語』に収録できなかった 100 項目を新たに書き起こし編集しました．今回は語根ばかりでなく，接頭辞・接尾辞についてもまとめてあります．読者の皆様が本書を大いに活用し，英単語を体系的・発展的に学習することにより，ボキャブラリーが飛躍的に増えることを願っています．

　なお本文中の英文の校閲には Katharine F. Hunter 氏と Mee Xiong 氏のご協力をいただきました．お二人のご尽力に深く感謝いたします．

　最後になりますが，本書の編集に際しては，研究社辞書編集部の改田宏氏に大変お世話になりました．心よりお礼を申し上げます．

2010 年 5 月

監修者　池田　和夫

本書の効果的な利用法

本書では英単語を接頭辞・語根・接尾辞などに分解し，それらの部分の意味を再統合することによってその単語の意味を解説するという方法をとっています．英単語の約 70 パーセントはラテン語やギリシャ語などの他の言語に由来すると言われていますが，それらの単語の中にはこのような部分に分解することができるものが多く含まれています．例えば，

concentrate は ＜**con**（共に）＋ **centr**（中心）＋ **ate**（…にする）＞ で，
（中心に集める）という意味から「集中する」，

agriculture は ＜**agri**（畑）＋ **cult**（耕す）＋ **ure**（こと）＞ で，
（土地を耕すこと）から「農業」という意味になるといった具合です．

これはちょうど日本語の漢字が「偏」や「つくり」などから構成されているのと似ています．例えば「人」が「木」に寄りかかることから「休」という漢字が，「木」と「主」から「柱」という漢字ができています．

---

sid（座る）＝ sit

① pre**sid**ent　　（前に座る人）→大統領
② re**sid**ent　　　（後ろに座る人）→居住者
③ pre**sid**e　　　（前に座る）
　　　　　　　　　　→議長を務める
④ dis**sid**ent　　（離れて座る人）
　　　　　　　　　　→反体制の人
⑤ sub**sid**y　　　（下に座るもの）→補助金
⑥ sub**sid**iary　（下に座るもの）→子会社

座るリンカン大統領

本書では上記の sid の例のように同じ語根や接頭辞・接尾辞を含む単語を一か所にまとめ，基本的な単語は囲みの中に①②③…と番号をつけて示しました．各単語の意味は赤字にしてありますので，付属の赤色シートで隠しながらその語の本来の意味から現在使われている意味を推測してみてください．

このようにすれば語根や接頭辞・接尾辞が共通する複数の単語をまとめて覚えることができます．さらにこれらの単語は**[例文・派生語]**の欄に，同じ番号

をつけて詳しく解説してあります．

　単語はいくつかの意味を持つ多義語であっても，その語源と現在使われている意味とを関連させながら覚えていくことによって理解しやすくなり，その語全体のイメージもわき，長期間にわたって記憶に残るでしょう．

　単語の意味は時代や地域などによって変化していますが，話の流れや文脈といったコンテクストの中で単語は生きています．本書では例文とその日本語訳を示し，例文中の該当語は太字に，日本語訳中の語義は赤字にしてありますので，赤色シートで隠しながら例文を手掛かりにその単語の意味を推測してみてください．

① **president**** /prézədənt/ ＜ pre（前に）＋ sid（座る）＋ ent（人）＞
名 大統領；社長；会長：Abraham Lincoln was elected **President** in 1860. エイブラハム・リンカンは 1860 年に大統領に選ばれた．
presid**ential** /prèzədénʃəl/ 形 大統領の；社長の，会長の．
presid**ency** /préz(ə)dənsi/ 名 大統領の地位［任期］；社長［会長］の地位［任期］．

　例文の後にはその単語から派生した語が載せてありますので，一緒に覚えるとさらに語彙力が増強されます．

　使用頻度が低い単語や語根が変化した単語は[**その他の同語源の語**]としてページの最後に囲みとしてまとめてあります．基本的な単語が理解できた段階で，これらの単語に取り組むことをお勧めします．

その他の同語源の

⑦ **sub**side /səbsáɪd/ 動 静まる，和らぐ；沈下する．（←下に座る）．
　subsid**ence** /səbsáɪdns/ 名 陥没，沈下．
⑧ **as**sid**uous** /əsídʒuəs/ 形 勤勉な；配慮が行き届いた（←…の方へ座る）．
　assidu**ity** /æsəd(j)úːəti/ 名 勤勉；配慮．
⑨ **in**sid**ious** /ɪnsídiəs/ 形 知らぬ間に進む，潜行性の；陰険な（←中に座る）．
⑩ **res**idue /rézəd(j)ùː/ 名 残り分，残余；〖法律〗残余財産（←後に座るもの）．
⑪ **sit**** /sít/ 動 腰を下ろす，座る；腰を下ろしている，座っている．
⑫ **si**ege* /síːdʒ/ 名 包囲攻撃；建物の包囲（←座り込むこと）．
⑬ **be**siege* /bɪsíːdʒ/ 動 包囲する；押し寄せる（←すっかり座り込む）．

　本書では 100 の語根・接頭辞・接尾辞から約 1,000 の単語に発展し，さら

に派生語を含めると約2,000の単語に発展するようになっています．このように語根・接頭辞・接尾辞が共通する単語をまとめて覚えることは，単語の意味ばかりでなく綴りの記憶にも役立ちます．また日常的な語よりも特に長くて難解な単語を覚える場合に効果を発揮するでしょう．さらに未知の単語の意味を推測するときにも役立ちます．

　読者の皆様が本書を通じて単語の学習に興味を持たれ，語彙力を増強することにより英語力が一層向上することを期待しています．

もくじ

まえがき……………………………………………………………… iii
本書の効果的な利用法……………………………………………… iv
本書で使用している略号と記号の使い方………………………… xi

本文

001	**arm**（武器）	……………………………………………	2
002	**audi**（聴く）	……………………………………………	4
003	**bar**（棒）	………………………………………………	6
004	**base**（基礎）	……………………………………………	8
005	**bat**（打つ）	……………………………………………	10
006	**car**（車）	………………………………………………	12
007	**cas**（落ちる）	…………………………………………	14
008	**cast**（投げる）	…………………………………………	16
009	**center**（中心）	…………………………………………	18
010	**chief**（頭）	……………………………………………	20
011	**cid**（落ちる）	…………………………………………	22
012	**cide**（切る）	…………………………………………	24
013	**cise**（切った）	…………………………………………	26
014	**civ**（市民）	……………………………………………	27
015	**claim**（叫ぶ）	…………………………………………	28
016	**cline**（傾く）	…………………………………………	30
017	**commun**（共有の）	……………………………………	32
018	**corp**（体）	……………………………………………	34
019	**cover**（覆う）	…………………………………………	36
020	**create**（生じる）	………………………………………	38
021	**cri**（決定する）	………………………………………	40
022	**cult**（耕す）	…………………………………………	42
023	**custom**（慣習）	………………………………………	44
024	**di**（日）	………………………………………………	45
025	**dome**（家）	……………………………………………	46
026	**dou**（2つ）	……………………………………………	48
027	**equ**（等しい）	…………………………………………	50

028	**fa**（話す）	52
029	**firm**（確実な）	54
030	**fort**（強い）	56
031	**gest**（運ぶ）	58
032	**it**（行く）	60
033	**ju**（法）	62
034	**late**（運ぶ）	64
035	**leg**（法律）	66
036	**loc**（場所）	68
037	**log**（話す）	70
038	**merc**（取り引き）	72
039	**mode**（型）	74
040	**mon**（警告する）	76
041	**nat**（生まれた）	78
042	**no**（知る）	80
043	**norm**（標準）	82
044	**nounce**（報じる）	83
045	**nov**（新しい）	84
046	**ord**（順序）	86
047	**ori**（始まる）	88
048	**pan**（パン）	89
049	**pare**（用意する）	90
050	**pater**（父）	92
051	**pet**（求める）	94
052	**phone**（音）	96
053	**ple**（満たす）	98
054	**pone**（置く）	100
055	**popul**（人々）	101
056	**publ**（人々）	102
057	**pulse**（駆り立てられる）	103
058	**pute**（考える）	104
059	**reg**（支配する）	106
060	**sacr**（神聖な）	108
061	**sci**（知る）	110
062	**sect**（切られた）	112

063	**serve**（保つ）	114
064	**sess**（座る）	116
065	**sid**（座る）	118
066	**simil**（似ている）	120
067	**solve**（解く）	122
068	**speci**（種）	124
069	**spire**（息をする）	126
070	**spond**（応じる）	128
071	**sting**（刺す）	130
072	**sult**（跳ぶ）	132
073	**tech**（技術）	133
074	**tempo**（時）	134
075	**trai**（引く）	136
076	**use**（使用する）	138
077	**vac**（空の）	140
078	**valu**（価値）	142
079	**vide**（見る）	144
080	**view**（見る）	146
081	**ambi-**（周りに）	148
082	**ante-**（前に）	150
083	**bi-**（2つ）	152
084	**deca-**（10）	154
085	**micro-**（小さい）	155
086	**milli-**（千）	156
087	**mono-**（1つ）	158
088	**multi-**（多くの）	160
089	**semi-**（半分）	162
090	**-eer**(人)	164
091	**-hood**（状態）	165
092	**-ics**（…学）	166
093	**-logy**(学問)	168
094	**-nomy**（…法）	170
095	**-proof**（…を防ぐ）	171
096	**-ship**（状態）	172
097	**-some**（…に適した）	174

098	**-tude**（状態）	175
099	**-ward**（…の方へ）	176
100	**-wise**（…のように）	178

主な接頭辞 …………………………………………………… 180
主な接尾辞 …………………………………………………… 182

索引 …………………………………………………………… 184

本書で使用している略号と記号の使い方

略号
名 名詞　**動** 動詞　**形** 形容詞　**副** 副詞
前 前置詞　**接** 接続詞　**感** 感嘆詞
[複] 複数名詞
《英》英国用法　　《米》米国用法

記号の使い方
/　/　　発音記号が入る．本書では主にアメリカ発音を使用している．
[　]　　言い換えを表わす．
〔　〕　　専門語の分野名が入る．
<　>　　語源の説明が入る．
⇄　　語義の変化を示す．
⇔　　反意語を表わす．
☞　　「参照せよ」という意味．
★　　「参考となる説明」という意味．
＊＊　　最重要基本語2000語レベルの頻度を示す
＊　　最重要基本語に続く重要基本語5000語レベルの頻度を示す

語根で覚える英単語 プラス
語源によるサクサク英単語10倍記憶法

語　根
接頭辞
接尾辞

arm (武器) = weapon

① **arm** 腕；武器；武装させる
② **arm**y （武装した集団）→陸軍
③ al**arm** （武器をとれ！）→警報；不安にさせる
④ **arm**or （武装した状態）→よろい
⑤ **arm**ament （武装した状態）→軍備
⑥ dis**arm** 武器を取り上げる

よろい (armor)

例文・派生語

① **arm**** /άːrm/ ＜ arm（腕にとるもの→武器）＞

名 腕；［複数形で］武器，兵器；武力：Lay down your **arms** and surrender! 武器を置いて降伏せよ．
— 動 武装させる；武装する：They **armed** themselves with guns. 彼らは銃で武装した．
armed /άːrmd/ 形 武装した；備えて．（⇔un**arm**ed 形 非武装の，武器を持たない）

② **arm**y** /άːrmi/ ＜ arm（武装する）＋ y（集団）＞

名 陸軍；軍隊：He has retired from the **army**. 彼は陸軍を退役した．

③ al**arm*** /əlάːrm/ ＜ al（＝ad…の方へ）＋ arm（武器）＞

名 警報；目覚まし時計；恐怖：The fire **alarm** went off. 火災警報が鳴った．
— 動 不安にさせる，怖がらせる：The spread of a new strain of influenza **alarmed** a lot of people. 新型インフルエンザの広まりは多くの人を不安にさせた．
al**arm**ing /əlάːrmiŋ/ 形 不安にさせる（ほどの），驚くべき．
al**arm**ed /əlάːrmd/ 形 怖がって，心配して；警報装置付きの．
al**arm**ist /əlάːrmist/ 形 人騒がせな；名 人騒がせな人．

④ **arm**or,《英》**arm**our* /άːrmər/ ＜ arm（武装する）＋ o(u)r（状態）＞

名 よろい，甲冑：Medieval knights wore heavy armor into battle. 中世の騎士は

重いよろいを身につけて戦いにのぞんだ.
armored,《英》armoured /άɚmɚd/ 形 装甲の，よろいを着けた.
armorer /άɚmərɚ/ 名 武器製造者，兵器修理者.

⑤ armament /άɚməmənt/ ＜ arm（武装する）＋ ment（状態）＞

名 軍備；軍隊，武器：We oppose the expansion of **armaments**. 私たちは軍備の拡張には反対だ.（⇔ **dis**armament 名 軍備縮小，武装解除）

⑥ disarm /dɪsάɚm/ ＜ dis（離して）＋ arm（武器）＞

動 武器を取り上げる；軍備を縮小する：The enemies were totally **disarmed**. 敵軍は完全に武器を取り上げられた.
disarmament /dɪsάɚməmənt/ 名 軍備縮小，武装解除.

その他の同語源の語

⑦ **arm**ory /άɚm(ə)ri/ 名 兵器庫；兵器工場（←よろいかぶと類）.
⑧ **arm**istice /άɚmɪstɪs/ 名 休戦，停戦；休戦条約（←武器を立てること）.
⑨ **arm**ada /ɑɚmάːdə/ 名 艦隊；[the A-] スペインの無敵艦隊（←武装した集団）.
⑩ **arm**adillo /ɑ̀ɚmədíloʊ/ 名 アルマジロ《甲羅をもつ哺乳動物》（←武装したもの）.
⑪ **arm**ature /άɚmətʃʊɚ/ 名 （モーターの）電機子；（彫刻の）土台枠（←装備品）.

audi (聴く) = hear

① **aud**ience （聴くこと）→聴衆
② **aud**io （聴覚の）→オーディオの
③ **aud**ible 聞き取れる
④ **aud**itorium （聴くための場所）→講堂
⑤ **aud**it （聴いてもらうこと）→会計監査

① **audience**** /ɔ́:diəns/ ＜ audi（聴く）＋ ence（こと）＞

名 聴衆, 観衆, 視聴者たち： His lecture attracted a large **audience**. 彼の講演は多くの聴衆を集めた.

② **audio*** /ɔ́:diòu/ ＜ audio（聴覚の→音声の）＞

形 オーディオの, 音声の： They sell a wide variety of **audio** goods at this store. この店は多種多様なオーディオ製品を売っている.
audio**visual** /ɔ̀:diouvíʒuəl/ **形** 視聴覚の.

③ **audible** /ɔ́:dəbl/ ＜ audi（聞く）＋ ible（…されうる）＞

形 （音・声が）聞き取れる： The audience's angry comments were quite **audible**. 聴衆の怒りの声ははっきりと聞き取れるほどだった.（⇔ in**audible** **形** 聞こえない）
audi**bility** /ɔ̀:dəbíləti/ **名** 聞き取れること, 可聴度.
audi**bly** /ɔ́:dəbli/ **副** 聞き取れるように.

④ **auditorium** /ɔ̀:dətɔ́:riəm/ ＜ audi（聴く）＋ orium（…のための場所）＞

名 講堂, 公会堂; 観客席： The **auditorium** was full of people. 講堂は満員だった.

⑤ **audit*** /ɔ́:dɪt/ ＜ audi（聴く）＋ t（…される）＞

名 会計監査, 決算： They must have an **audit** every year. 彼らは毎年会計監査を受けなければならない. ── **動** （会計）を監査する;（講義）を聴講する.

auditor /ɔ́ːdətər/ 名 会計監査官；(大学の) 聴講生.

その他の同語源の

⑥ **audi**tion /ɔːdíʃən/ 名 オーディション (←聴くこと).
⑦ **audi**tory /ɔ́ːdətɔ̀ːri/ 形 耳の，聴覚の.
⑧ **audi**ometer /ɔ̀ːdiámətər/ 名 聴力測定器.
⑨ **obey*** /oʊbéɪ/ 動 言うことに従う，従う (←…の方へ耳を傾ける).
　obedient /oʊbíːdiənt/ 形 従順な，よく言うことを聞く.
　obedience /oʊbíːdiəns/ 名 服従，従順.
⑩ **disobey** /dìsoʊbéɪ/ 動 はむかう，従わない (←…の方へ耳を傾けない).
　disobedient /dìsoʊbíːdiənt/ 形 不従順な，言うことを聞かない
　disobedience /dìsoʊbíːdiəns/ 名 不従順，反抗；違反.

bar (棒)

① **bar** 棒；バー；締め出す
② **bar**rier （妨げる物）→障壁
③ **bar**rel （棒で作ったもの）→たる
④ **bar**ricade （たるで作った柵）
　　　　　　　→バリケード
⑤ em**bar**go （妨げること）→禁輸
⑥ **bar**rister （棒で仕切った法廷で働く人）→法廷弁護士
⑦ em**bar**rass （妨げる）→困惑させる

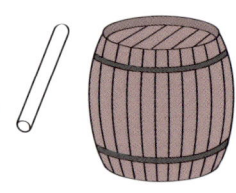

bar　　barrel

① bar** /báɚ/

名 バー，酒場；軽食堂；棒；かんぬき；障害；法廷：Shall we have a drink at the hotel **bar**? ホテルのバーで一杯やりましょうか．

★bar は元来「棒」の意味であったが，「横棒の仕切のある所」という意味から「バー，酒場」という意味になった．

— **動** 締め出す，禁じる；妨げる：Women were **barred** from participating during the ancient Olympics. 女性は古代オリンピックに参加することから締め出されていた．**barred** /báɚd/ **形** かんぬきのかかった；縞模様の．

② barrier* /bǽriɚ/ ＜ bar（棒，妨げる）＋ ier（＝ er…するもの）＞

名 障壁，柵；障害：She had to get over the language **barrier**. 彼女は言葉の障壁を乗り越えなければならなかった．
barrier-free /bǽriɚfríː/ **形** バリアフリーの，障壁のない．

③ barrel* /bǽrəl/ ＜ bar（棒）＋ el（もの）＞

名 たる；1 バレル；銃身：She searched through the **barrel** of apples, looking for the best one. 彼女はリンゴの入ったたるの中を，一番いいのを見つけようとくまなく探した．

語根

④ **barricade**＊ /bǽrəkèɪd/ ＜barric (= barrel たる) + ade (物)＞
🈂 バリケード, 障害物：The demonstrators erected a **barricade**. デモ隊はバリケードを築いた．── 🈩 バリケードを築く，バリケードでふさぐ．

⑤ **embargo**＊ /ɪmbɑ́ːrgoʊ/ ＜em (= en…の中に) + bargo (= barricade 障害物)＞
🈂 禁輸，輸出入禁止，通商禁止：What will happen if oil-producing Arab nations invoke an embargo? アラブの産油国が禁輸を実施したらどうなるのだろう．── 🈩 禁輸する；(報道) を制限する．

⑥ **barrister** /bǽrɪstər/ ＜bar (棒，法廷) + ster (人)＞
🈂 (英) 法廷弁護士：The **barrister** appealed to the judge for a ruling. その法廷弁護士は判事に裁定を求めた．

⑦ **embarrass** /ɪmbǽrəs/ ＜em (= im…の中に) + barrass (= bar 棒)＞
🈩 困惑させる，恥ずかしい思いをさせる：Their personal questions **embarrassed** her. 彼らの立ち入った質問は彼女を困惑させた．
embarrass**ment** /ɪmbǽrəsmənt/ 🈂 気まずさ，困惑；妨害．
embarrass**ing** /ɪmbǽrəsɪŋ/ 🈯 気まずい思いをさせる．
embarrass**ed** /ɪmbǽrəst/ 🈯 きまりの悪い [恥ずかしい] 思いをした．

その他の同語源の

⑧ **bar**ring /bɑ́ːrɪŋ/ 前 …がなければ (= except for …) (←…を締め出すと)．

base（基礎） = basis

① **base**　　　　土台；基づかせる
② **bas**is　　　　基礎
③ **bas**s　　　　（低い）→〖音楽〗バス
④ **base**ment　　（基礎の部分）→地階
⑤ **base**ball　　（ベースを使う競技）→野球

例文・派生語

① **base**** /béɪs/

名 土台，ふもと；基礎，根底；基地；〖野球〗塁，ベース：The **base** of the monument was constructed differently from the rest. その記念碑の土台は他と違う造りになっていた． ── 形 卑しい，下劣な．
── 動 基礎を置く，基づかせる：Article 9 of our Constitution is **based** on our bitter experiences. わが国の憲法第9条は我々の苦い経験に基づいている．
bas**ic** /béɪsɪk/ 形 基礎の，根本的な；最小限の．
bas**ically** /béɪsɪkəli/ 副 基本的には，本来は；根本において．
bas**ics** /béɪsɪks/ 名 重要なこと，基本；必需品．
bas**al** /béɪs(ə)l/ 形 基底の，基部の．

② **basis**** /béɪsɪs/　＜ base（基礎）より＞

名 基礎，根拠：Mutual assistance was the **basis** of the treaty. 相互援助がその条約の基礎であった．

③ **bass*** /béɪs/　＜ base（低い）より＞

名 〖音楽〗バス，ベース；バス［ベース］歌手；ダブルベース：You sing tenor and I'll sing **bass**. 君がテナーを歌って僕がバスを歌おう． ── 形 バスの．

④ **basement*** /béɪsmənt/　＜ base（基礎）＋ ment（もの）＞

名 地階，地下室：I rode the elevator from the fifth floor down to the **basement**. 私はエレベーターで5階から地階まで降りた．

⑤ **base**ball* /béɪsbɔ̀ːl/ ＜base（土台，ベース）＋ ball（ボール）＞

名 野球, ベースボール：Let's watch the **base**ball game on TV tonight. 今晩テレビで野球の試合を見よう．

その他の同語源の

⑥ **base**line /béɪslàɪn/ 名（測量の）基準線，基線．
⑦ a**base** /əbéɪs/ 動（人）の品位を落とす，地位を下げる（←低い方へ）．
⑧ **base**less /béɪsləs/ 形 根拠のない．
⑨ de**base** /dɪbéɪs/ 動 …の品質［価値］を落とす；（貨幣）の質を低下させる．

bat (打つ) = beat

①	**bat**	(打つための棒)	→バット
②	**bat**ter	続けざまに打つ	
③	**bat**tery	(繰り返し打つもの→砲台)	→電池
④	**bat**tle	(打ち合うこと)	→戦闘
⑤	com**bat**	(共に打ち合うこと)	→戦闘
⑥	de**bat**e	(打ち負かすこと)	→討論
⑦	re**bat**e	(元へ打ち返すこと)	→払い戻し

例文・派生語

① **bat*** /bǽt/

名 バット：He swung his **bat** at the ball. 彼はボールめがけてバットを振った.
— **動** バットで打つ.
　bat**ter** /bǽtɚ/ **名**〖野球〗打者, バッター.
　bat**ting** /bǽtɪŋ/ **名** バッティング, 打撃.

② **bat**ter /bǽtɚ/　＜ bat (打つ) + er (反復) ＞

動 続けざまに打つ, 虐待する：The child was severely **battered**. その子はひどく打たれた.
　batter**ed** /bǽtɚd/ **形** いたんだ；虐待された. batter**ing** /bǽtɚrɪŋ/ **名** 殴打；虐待.

③ **bat**tery* /bǽtəri/　＜ bat (打つ) + er (繰り返し) + y (もの) ＞

名 電池；(野球の) バッテリー；砲台；〖法律〗殴打：This car runs on a solar **battery**. この車は太陽電池で走る.

④ **bat**tle** /bǽtl/　＜ batter (続けざまに打つ) より ＞

名 戦闘；戦い；闘争：Twelve soldiers were wounded in the **battle**. その戦闘で12人の兵士が負傷した.
　battle**field** /bǽtlfiːld/ **名** 戦場.
　battle**ground** /bǽtlgràund/ **名** 戦場.

battleship /bǽtlʃɪp/ 名 戦艦.
battlements /bǽtlmənts/ 名 銃眼付き胸壁(←打つ所).

⑤ **combat**＊ /kámbæt/ ＜ com (共に) ＋ bat (打つ) ＞

名 戦闘, 格闘: He participated directly in **combat**. 彼は戦闘に直接参加した.
— 動 /kəmbǽt/ (犯罪・病気)と闘う; …と戦う.
combatant /kəmbǽtnt/ 名 戦闘員 [国].
combative /kəmbǽtɪv/ 形 闘争的な, 闘志盛んな.

⑥ **debate**＊＊ /dɪbéɪt/ ＜ de (下に) ＋ bate (打つ) ＞

名 討論, 討議: She opened the **debate** on the pros and cons of raising taxes. 彼女は増税に対する賛否の討論の口火を切った. — 動 討論する, 討議する.
debatable /dɪbéɪtəbl/ 形 異論のある.
debater /dɪbéɪtɚ/ 名 討論者.

⑦ **rebate** /ríːbeɪt/ ＜ re (元へ) ＋ bate (＝ abate 打ち倒す) ＞

名 払い戻し, 割引: I received a tax **rebate**. 私は税金の払い戻しを受け取った.

その他の同語源の語

⑧ **abate** /əbéɪt/ 動 和らぐ, 静まる; 減る; 弱める(←打ち倒す).
　abatement /əbéɪtmənt/ 名 減少; 減退, 緩和.
⑨ **bat**talion /bətǽljən/ 名 《陸軍》大隊(←戦闘をなす大勢の者).
⑩ **abat**is /ǽbətɪs/ 名 《軍隊》鹿砦, 逆茂木, 鉄条網(←打ち倒したもの).
⑪ **abat**toir /ǽbətwɑːr/ 名 畜殺場(←動物を打ち倒す所).
⑫ **bate** /béɪt/ 動 和らげる, 弱める(← abate の語頭音消失).
⑬ **beat**＊＊ /bíːt/ 動 負かす, 打ち勝つ; 打つ, たたく; よくかき混ぜる.

car (車)

① **car** 車
② **car**ry (車で運ぶ) →持ち運ぶ
③ **car**riage (車で運ぶもの) →馬車
④ **car**eer (車の通る道→人生の行路)
　　　　　　→経歴
⑤ **car**go (車に荷を積む) →積み荷
⑥ **car**t (荷車) →カート
⑦ **car**penter (二輪馬車を作る人) →大工

カート (cart)

例文・派生語

① **car**** /káɚ/ ＜car (小型の馬車→車両)＞

名 車, 自動車；車両, 客車：Many people prefer to commute to work in their own **cars** rather than by bus or train. 多くの人はバスや電車より車の通勤を好む.

② **carry**** /kǽri/ ＜carry (車で運ぶ→持っていく)＞

動 持ち運ぶ, 持ち歩く；運ぶ；載せる；伝える：This suitcase is convenient to **carry**. このスーツケースは持ち運ぶのに便利だ.
carrier /kǽriɚ/ **名** 運ぶ人；運搬人；運輸業者；航空母艦；保菌者.

③ **carriage*** /kǽrɪdʒ/ ＜carry (車で運ぶ) + age (もの)＞

名 馬車；客車：Four horses are pulling the **carriage**. 4頭の馬がその馬車を引いている.

④ **career**** /kəríɚ/ ＜car (車) + er (…するもの)＞

名 職業；経歴：He has a brilliant **career** as a diplomat. 彼は外交官として輝かしい経歴をもっている.

⑤ **cargo*** /kάɚgou/ ＜cargo（= charge 車に荷を積む）＞

名 積み荷，貨物：The ship is unloading its **cargo**. その船は積み荷を降ろしているところだ.

⑥ **cart*** /kάɚt/ ＜cart（荷車→荷馬車）＞

名 カート，手押し車；荷馬車：She was pushing a **cart** through the crowded supermarket. 彼女は込み合ったスーパーの中をカートを押していった.
carter /kάɚtɚ/ **名** 荷車運転手，御者.

⑦ **carpenter** /kάɚpəntɚ/ ＜carpent（= carrige 二輪馬車）+ er（人）＞

名 大工：The **carpenters** built the house in three weeks. 大工はその家を3週間で建てた.

その他の同語源の

⑧ **car**icature /kǽrɪkətʃʊ̀ɚ/ **名** 風刺漫画，カリカチュア；**動** 漫画風に描く（←誇張した←車に荷を積みすぎた）.
⑨ **char**ge** /tʃάɚʤ/ **動** 料金；管理；告発；非難；**動** 請求する；クレジットカードで払う；告発する；非難する；襲う；突撃する；充電する（←車に荷を積む）.
charg**er** /tʃάɚʤɚ/ **名** 充電器.
charge**able** /tʃάɚʤəbl/ **形** 責任を負うことになって.
⑩ dis**char**ge* /dɪstʃάɚʤ/ **動** 解放する；解雇する；排出する；**名** /dístʃɑɚʤ/ 放免，解任；排出（←車から荷を下ろす）.
⑪ over**char**ge /òʊvɚtʃάɚʤ/ **動** 不当な値段を要求する（←荷を積みすぎる）.
　（⇔ under**char**ge **動** 代価以下の請求をする）
⑫ **char**iot /tʃǽriət/ **名** （古代の）戦車《2輪馬車》（←荷馬車）.

cas (落ちる) = fall

① **case** （降りかかるもの→出来事）→場合
② oc**cas**ion （物事が降りかかること）→場合
③ **cas**ual （場合による→その時々の）→何気ない
④ **cas**ualty （その時々のこと）→(事故の)死傷者
⑤ **cas**cade （落ちるもの）→小さな滝

例文・派生語

① case** /kéɪs/

名 場合；実例；実情；事件；症例：The rule does not apply in our **case**. その規則は我々の場合には当てはまらない.

② occasion** /əkéɪʒən/ ＜ oc (= ob…方へ) + cas (落ちる) + ion (こと) ＞

名 場合，折；行事；機会：I only wear this dress for special **occasions**. このドレスは特別の場合にしか身につけません.
occasional /əkéɪʒ(ə)nəl/ **形** 時折の，たまの.
occasionally /əkéɪʒ(ə)nəli/ **副** 時折，時々.

③ casual* /kǽʒuəl/ ＜ case (場合) + al (…の) ＞

形 何気ない，さりげない；ふだん着の；その時々の：To his listeners it seemed like a **casual** remark. 彼の話を聞いている者にはそれは何気ない言葉のように思われた.
— **名** ふだん着，カジュアルな服装.
casually /kǽʒuəli/ **副** 何気なく，さりげなく；略式で.

④ casualty* /kǽʒuəlti/ ＜ case (場合) + al (…の) + ty (こと) ＞

名 (事故の)死傷者，負傷者：The bombing of the city caused heavy **casualties**. その都市への爆撃で多数の死傷者が出た.

⑤ **cascade** /kæskéɪd/ ＜cas（落ちる）＋ade（もの）＞

名 小さな滝；滝のように垂れたもの：A beautiful rainbow hung at the base of the cascade. その小さな滝の下の方に美しい虹がかかっていた.

── **動** 滝のように落ちる.

その他の同語源の

⑥ **decay**＊ /dɪkéɪ/ **動** 腐る，朽ちる；**名** 腐食；虫歯；衰え（←落ちぶれる）.

⑦ **cad**ence /kéɪdns/ **名** （声の）抑揚，リズム；〖音楽〗（楽章の）終末部（←声が落ちること）.

⑧ **decad**ence /dékədəns/ **名** 堕落，退廃，衰退（←落ちぶれた状態）. **decad**ent /dékədənt/ **形** 退廃的な，衰退した.

cast (投げる) = throw

① **cast** （票）を投じる
② **broadcast** （広く投げる）→放送する
③ **forecast** （前もって投げる）→予報する
④ **newscast** （ニュースを投げかけること）
　　　　　　　→ニュース放送

例文・派生語

① cast* /kǽst/

動 （票）を投じる；（目）を向ける，（影）を落とす；投げ捨てる；（役）を割り振る： A majority **cast** their vote in favor of the bill. 大多数の者は法案に賛成票を投じた．
— **名** 出演俳優，キャスト；ギプス： The **cast** is waiting for the curtain to go up. 出演俳優たちは幕が上がるのを待っている．
casting /kǽstɪŋ/ **名** 鋳造物；役の割り当て，配役．

② broadcast* /brɔ́ːdkæst/ ＜ broad (広く) ＋ cast (投げる) ＞

動 放送する；ふれ回る： The President's speech will be **broadcast** live this evening. 今晩大統領の演説が生放送される． — **名** 放送．
broadcast**er** /brɔ́ːdkæstɚ/ **名** （テレビ・ラジオの）解説者，キャスター；放送局．
broadcast**ing** /brɔ́ːdkæstɪŋ/ **名** 放送．

③ forecast* /fɔ́ɚkæst/ ＜ fore (前もって) ＋ cast (投げる) ＞

名 予報，天気予報： The **forecast** promises sun tomorrow. 予報では明日は晴れだ．
— **動** 予報する，予測する．
forecast**er** /fɔ́ɚkæstɚ/ **名** （気象）予報士；（経済の）予測者．

④ newscast /n(j)úːzkæst/ ＜ news (ニュース) ＋ cast (投げる) ＞

名 ニュース放送： We watched the **newscast** with excitement. 私たちは興奮してそのニュース放送を見守った．

newscaster /n(j)úːzkæstɚ/ 名 ニュースキャスター．

その他の同語源の

⑤ **out**cast /áutkæst/ 名 追放された人，見捨てられた人；形 追放された，見捨てられた．
⑥ **cast**off /kǽstɔ̀ːf/ 名 古着，おさがり；捨てられた物．
⑦ **cast**-off /kǽstɔ̀ːf/ 形 脱ぎ捨てられた，おさがりの．
⑧ **cast**away /kǽstəwèɪ/ 名 難破して漂流した人．
⑨ **tele**cast /télɪkæst/ 名 テレビ放送［放映］（←**tele**vision＋broad**cast**）．

center (中心)

① **center** 中心
② con**cent**rate (中心に集める) →集中する
③ ec**cent**ric (中心から外れた) →常軌を逸した
④ **cent**ralize 中央に集める
⑤ de**cent**ralize (中心から離す) →分散させる

① **center**, 《英》**centre**** /séntɚ/ ＜center (コンパスの中心点→中心)＞

图 中心, 中央；中心地，センター；核心: The **center** of interest has moved from the Atlantic coast to the Pacific coast. 興味の中心は大西洋岸から太平洋岸に移った.
― 動 集中させる；集中する.
central /séntrəl/ 形 中心の，中央の；中心となる.
centrally /séntrəli/ 副 中心に；中央で.
centered /séntɚd/ 形 中心を置いた；(精神的に)安定した.

② **concentrate*** /kάns(ə)ntrèɪt/ ＜con (共に)＋centr (中心)＋ate (…にする)＞

動 集中する；集める；心を集中する: You must **concentrate** your attention on your work. その仕事に注意を集中しなければいけません.
concentration /kὰns(ə)ntréɪʃən/ 名 集中，集中力.
concentrated /kάns(ə)ntrèɪtɪd/ 形 集中した；激しい.

③ **eccentric*** /ɪkséntrɪk/ ＜ec (= ex 外へ)＋centr (中心)＋ic (…の)＞

名 常軌を逸した，風変わりな；中心を異にする: His **eccentric** behavior created a distrust among his colleagues. 彼の常軌を逸した行動は同僚たちの不信感を生じさせた. ― 名 変人，奇人.
eccentricity /èksentrísəti/ 名 風変わり；奇行.

語根

④ **centralize** /séntrəlàɪz/ ＜ centr（中心）＋ al（…の）＋ ize（…化する）＞

動（権力・富）を中央に集める，中央集権化する：The new government intends to **centralize** authority. 新政府は権力を中央に集めようとしている．
centraliz**ation** /sèntrəlɪzéɪʃən/ **名** 集中；中央集権化．

⑤ **decentralize** /dìːséntrəlàɪz/ ＜ de（離して）＋central（中心の）＋ize（…化する）＞

動（権限・組織）を分散させる，地方分権化する：There is a need to **decentralize** the construction industry into multiple departments. 建設産業を多くの部門に分散させる必要がある．
decentraliz**ation** /dìːsèntrəlɪzéɪʃən/ **名** 分散；地方分権(化)．

その他の同語源の

⑥ con**centr**ic /kənséntrɪk/ **形** 中心を同じくする，同心の．
⑦ **centr**alism /séntrəlìzm/ **名** 中央集権化主義［体制］．
⑧ **centr**ist /séntrɪst/ **名** 中道主義者．
⑨ **centr**ifugal /sentrífjʊg(ə)l/ **形**【物理】遠心性の；遠心力の．
  centrifuge /séntrəfjùːdʒ/ **名** 遠心分離機．
⑩ **centr**ipetal /sentrípətl/ **形**【物理】求心性の（←中心を求める； ☞ pet の項）．
⑪ self-**center**ed /sélfséntərd/ **形** 自己中心的な，利己的な．

chief (頭) = head

① **chief** (頭) →長；主な
② handker**chief** (頭を覆う手持ちのもの) →ハンカチ
③ mis**chief** (悪い結果) →いたずら
④ a**chie**ve (頭へ達する) →達成する

handkerchief

例文・派生語

① chief** /tʃíːf/

名 長，主任：The **chief** of the tribe conducted the ceremony. 部族の長がその儀式をとり行った．
— 形 主な，主要な；最高位の，首位の：One of the **chief** aims of the UN is to promote the economic and social advancement for all peoples. 国連の主な目標の一つは全民族の経済的，社会的発達の促進である．
chiefly /tʃíːfli/ 副 主として，主に．

② handkerchief* /hǽŋkətʃif/ ＜ hand (手)＋ker (＝cover 覆う)＋chief (頭)＞

名 ハンカチ：He wiped his nose with his **handkerchief**. 彼はハンカチで鼻をぬぐった

★英米ではハンカチは鼻をかむために使う人が多い．

③ mischief /místʃif/ ＜ mis (悪く)＋chief (頭→終わり，目的)＞

名 いたずら，わるさ；害悪，危害：The boys are fond of **mischief**. 男の子はいたずらが好きだ．
mischie**vous** /místʃɪvəs/ 形 いたずら好きな；有害な，悪意のある．
mischievous**ly** /místʃɪvəsli/ 副 いたずらっぽく，悪意をもって．
mischievous**ness** /místʃɪvəsnəs/ 名 いたずらっぽさ，ちゃめっけ．

④ **achieve**** /ətʃíːv/ ＜a (= ad…へ) + chief (頭→終わり, 目的)＞
動 達成する, 成し遂げる; (成功) を収める; 成果を上げる: She **achieved** her goal. 彼女は目的を達成した.
achieve**ment** /ətʃíːvmənt/ **名** 達成したこと, 業績; 達成; 学力.
achie**ver** /ətʃíːvɚ/ **名** 達成者, 成功者.

その他の同語源の語

⑤ necker**chief** /nékɚtʃəf/ **名** 首 [襟] 巻き, ネッカチーフ (←首や頭を覆うもの).
⑥ ker**chief** /kɚ́ːtʃɪf/ **名** カーチフ, ネッカチーフ (←頭を覆うもの).
⑦ **chief**tain /tʃíːftən/ **名** 族長, 酋長(しゅうちょう).
⑧ **chef** /ʃéf/ **名** 料理長, シェフ (← chief of kitchen).

cid (落ちる) = fall

① ac**cid**ent （…に降りかかるもの）→事故
② in**cid**ent （…の上に落ちること）→出来事
③ co**i**n**cid**e （…の上に一緒に落ちる）→同時に起こる
④ Oc**cid**ent （日が落ちる地域）→西洋

例文・派生語

① accident** /ǽksədənt/ ＜ ac (= ad…に) + cid (落ちる) + ent (もの)＞

名 事故；思いがけない出来事，偶然：There was a fatal **accident** at that corner yesterday. きのうあの角で死亡事故があった．
accident**al** /æksədéntl/ **形** 思いがけない，偶然の．
accident**ally** /æksədéntəli/ **副** 偶然に，たまたま．

② incident** /ínsədənt/ ＜ in (…の上に) + cid (落ちる) + ent (もの)＞

名 出来事，事件：A strange **incident** occurred during our journey. 我々の旅行中に不思議な出来事が起こった．
incident**al** /ìnsədéntl/ **形** …に付随して起こる，思いがけず起こる．
incident**ally** /ìnsədéntəli/ **副** ついでながら，ついでに言うと．
inciden**ce** /ínsədəns/ **名** （好ましくない出来事の）範囲，発生率．

③ coincide* /kòʊɪnsáɪd/ ＜ co (一緒に) + in (…の上に) + cide (落ちる)＞

動 同時に起こる；一致する：The two incidents **coincided** with each other. その2つの出来事は同時に起こった．
coincid**ence** /koʊínsədns/ **名** 偶然の一致，同時発生．
coincid**ent** /koʊínsədnt/ **形** 時を同じくした，…と全く一致する．
coincident**al** /koʊìnsədéntl/ **形** 全く偶然の，（偶然に）一致する．

④ Occident /ǽksədənt/ ＜ oc (= ob…の方へ) + cid (落ちる) + ent (もの)＞

名 西洋，欧米：This architecture shows some cultural links between the Orient and the **Occident**. この建築様式は東洋と西洋との文化的なつながりを示して

いる.

★ the Orient, the Occident は文語であり，普通は the East, the West を用いる.

occident**al** /ὰksədéntl/ 形《古風》西洋の，西欧の；名 西洋人.

その他の同語源の 語

⑤ **decid**uous /dɪsídʒuəs/ 形〖植物〗(樹木が)落葉性の(←下に落ちる).

cide (切る) = cut

① de**cide** （きっぱり切り離す）→決心する
② sui**cide** （自分を殺すこと）→自殺
③ pesti**cide** （害虫を殺すもの）→殺虫剤
④ insecti**cide** （昆虫を殺すもの）→殺虫剤
⑤ homi**cide** （人を殺すこと）→殺人
⑥ geno**cide** （人種を殺すこと）→大量虐殺

例文・派生語

① decide** /dɪsáɪd/ ＜ de (離して) ＋ cide (切る) ＞

動 決心する；決定する，決める：He **decided** to study abroad. 彼は留学しようと決心した．
deci**sion** /dɪsíʤən/ **名** 決定，決心．
deci**sive** /dɪsáɪsɪv/ **形** 決定的な；断固とした．
deci**ded** /dɪsáɪdɪd/ **形** はっきりした，決定的な；断固とした．
　（⇔ **undecided 形** 決心のついていない；決定されていない）
deci**dedly** /dɪsáɪdɪdli/ **副** はっきりと，明確に．

② suicide* /súːəsàɪd/ ＜ sui (自身) ＋ cide (切る) ＞

名 自殺：She attempted **suicide**. 彼女は自殺を図った．
suici**dal** /súːəsàɪdl/ **形** 自殺の；自滅的な．

③ pesticide* /péstəsàɪd/ ＜ pest (害虫) ＋ cide (切る) ＞

名 殺虫剤：Farmers must decide whether to reduce the usage of **pesticide** or not. 農場経営者は殺虫剤の使用量を減らすべきかどうかを決めなくてはならない．

④ insecticide /ɪnséktəsàɪd/ ＜ insect (昆虫) ＋ cide (切る) ＞

名 殺虫剤：**Insecticides** can enter our bodies through the food we eat. 殺虫剤は私たちが食べる食物によって私たちの体内に入りえる．

[語根]

⑤ **homicide** /hámǝsàɪd/ ＜ homi（人）＋ cide（切る）＞

名 殺人：He was arrested for **homicide**. 彼は殺人のかどで逮捕された．
homicid**al** /hàmǝsáɪdl/ **形** 殺人癖の，人殺しをしそうな．

⑥ **genocide** /dʒénǝsàɪd/ ＜ geno（人種）＋ cide（切る）＞

名 大量虐殺：He was charged with **genocide**. 彼は大量虐殺のかどで告訴された．

その他の同語源の 語

⑦ herb**cide** /(h)ə́ːbǝsàɪd/ **名** 除草剤（←草を枯らすもの）．
⑧ germ**cide** /dʒə́ːmǝsàɪd/ **名** 殺菌剤（←菌を殺すもの）．
⑨ patr**cide** /pǽtrǝsàɪd/ **名** 父殺し（←父を殺す行為［人］；☞ pater の項）．
⑩ matr**cide** /mǽtrǝsàɪd/ **名** 母殺し（←母を殺す行為［人］）．
⑪ par**cide** /pǽrǝsàɪd/ **名** 親［近親］殺し（←親を殺す行為［人］）．
⑫ fratr**cide** /frǽtrǝsàɪd/ **名** 兄弟［姉妹，同郷人］殺し．
⑬ reg**cide** /rédʒǝsàɪd/ **名** 国王殺し（←国王を殺す行為［人］）．
⑭ eco**cide** /ékoʊsàɪd/ **名** 環境破壊（←生態系を破壊すること）．

cise (切った) = cut

① pre**cise** （前もって切りつめた）→ 正確な
② con**cise** （すっかり切った）→ 簡潔な
③ s**ciss**ors （切る道具）→ はさみ

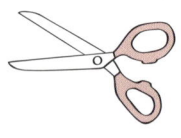

scissors

例文・派生語

① **precise** */prɪsáɪs/* ＜ pre（前もって）＋ cise（切った）＞
形 正確な，精密な： His translation is very **precise**. 彼の翻訳は非常に正確だ.
precis**ion** /prɪsíʒən/ 名 正確，精密.
precise**ly** /prɪsáɪsli/ 副 正確に，ちょうど.

② **concise** */kənsáɪs/* ＜ con（すっかり）＋ cise（切った）＞
形 簡潔な： This book is written in clear and **concise** English. この本は明晰簡潔な英語で書いてある.
concise**ly** /kənsáɪsli/ 副 簡潔に.
concise**ness** /kənsáɪsnəs/ 名 簡潔さ.
concis**ion** /kənsíʒən/ 名 簡潔さ.

③ **scissors** */sízɚz/* ＜ sciss（切った）＋ or（もの）＋ s（複数）＞
名 はさみ： Here is a pair of left-handed **scissors**. これは左利き用のはさみです.

その他の同語源の語

④ ex**cise** /éksaɪz/ 動 切除する；削除する（←外に切り出す）.
⑤ in**cise** /ɪnsáɪz/ 動 刻む，彫刻する；切開する（←中に切り込む）.
⑥ circum**cise** /sɚ́kəmsàɪz/ 動 …に割礼を行う（←包皮を切る）.
⑦ **chisel** /tʃíz(ə)l/ 名 のみ，たがね；動 のみで彫る（←切る道具）.

> 語根

civ (市民) = citizen

① **civ**il　　　市民の
② **civ**ilize　（都市化する）→ 文明化する
③ **civ**ilian　（市民）→ 民間人

例文・派生語

① **civil**** /sív(ə)l/ ＜ civ (市民) + il (…に関する)＞

形 市民の；民間の；礼儀正しい；〖法律〗民事の： Is it possible for foreigners to enjoy the same **civil** rights as other citizens in this country? この国では外国人が他の市民と同様に市民権を持つことができるのですか．（⇔ **un**civil 形 無礼な，不作法な）
civility /səvíləti/ 名 丁寧さ，礼儀正しさ．（⇔ **in**civility 名 無礼，無作法）
civilly /sív(ə)li/ 副 礼儀正しく；民法上．

② **civilize**, 《英》**civilise*** /sívəlàɪz/ ＜ civil (市民の) + ize (…化する)＞

動 文明化する，文明国にする： Europe was **civilized** by Rome. ヨーロッパはローマ帝国によって文明化された．
civilization, 《英》**civilisation** /sìvəlɪzéɪʃən/ 名 文明；文明社会．
civilized, 《英》**civilised** /sívəlàɪzd/ 形 文明化した．（⇔ **un**civilized 形 未開の）

③ **civilian*** /səvíljən/ ＜ civil (市民の) + ian (人)＞

名 民間人，一般人： Hundreds of **civilians** were killed in the fighting. 何百人もの民間人がその戦闘で死亡した．── 形 民間の，一般人の．

その他の同語源の語

④ **civ**ic /sívɪk/ 形 市民の；（都）市の． **civ**ics /sívɪks/ 名 公民科．

claim (叫ぶ) = cry

① **claim** (大声で叫ぶ) →主張する
② pro**claim** (前に叫ぶ) →宣言する
③ ex**claim** (外に叫ぶ) →叫ぶ
④ ac**claim** (…の方へ叫ぶ) →称賛する
⑤ re**claim** (元に戻るように叫ぶ) →…の返還を要求する

例文・派生語

① claim** /kléɪm/

動 主張する；要求する，請求する；（功績など）が自分にあると言う：He **claimed** he was innocent. 彼は無罪を主張した．── **名** 主張；要求，請求．

> ★英語の claim には日本語の「クレーム」のような「苦情」や「文句」の意味はない．「クレーム」に相当する英語は complaint であり，「クレームをつける」は make a complaint という．

claimant /kléɪmənt/ **名** 要求者，請求者；〖法律〗原告．

② proclaim* /proʊkléɪm/ ＜ pro (前に) + claim (叫ぶ) ＞

動 宣言する：The island **proclaimed** its independence. その島は独立を宣言した．
proclam**ation** /prɑ̀kləméɪʃən/ **名** 宣言．

③ exclaim /ɪkskléɪm/ ＜ ex (外に) + claim (叫ぶ) ＞

動 叫ぶ："We won!" the boys **exclaimed**.「勝ったぞ！」と少年たちは叫んだ．
exclam**ation** /èkskləméɪʃən/ **名** 叫び；感嘆．
exclam**atory** /ɪkskléməˌtɔ̀ːri/ **形** 絶叫的な，感嘆の．

④ acclaim /əkléɪm/ ＜ ac (= ad…の方へ) + claim (叫ぶ) ＞

動 称賛する，絶賛する：He was **acclaimed** as the most important novelist of the year. 彼は今年の最も重要な小説家として称賛された．
acclam**ation** /æ̀kləméɪʃən/ **名** 熱烈な賛同．

語根

⑤ **reclaim** /rıkléım/ ＜ re（元に）＋ claim（叫ぶ）＞

動 …の返還を要求する；開墾する；再利用する：She **reclaims** the land that was lost to her. 彼女は失った土地の返還を要求している.
reclam**ation** /rèkləméıʃən/ **名** 開墾，埋め立て；再利用.

その他の同語源の語

⑥ **declaim** /dıkléım/ **動** 大げさな調子で朗読する；大げさな調子でしゃべる（←大声で叫ぶ）.
declam**ation** /dèkləméıʃən/ **名** 大げさな朗読；熱弁.
declam**atory** /dıklǽmətɔ̀ːri/ **形** 朗読風の，演説調の.

⑦ **disclaim** /dıskléım/ **動** （責任など）を否認する.

⑧ **clam**or, 《英》**clam**our /klǽmɚ/ **名** 騒々しい叫び，騒ぎ；**動** 騒ぎ立てる.
clamo**rous** /klǽm(ə)rəs/ **形** 騒々しい.

cline（傾く）= lean

① de**cline** （下に傾く）→低下(する)
② in**cline** （中に傾く）→気にさせる
③ re**cline** （後ろに傾く）→もたれる
④ **clin**ic （体を傾ける寝台）→診療所
⑤ **clim**ate （赤道から両極への傾き具合）→気候

例文・派生語

① decline** /dɪkláɪn/ ＜ de (下に) + cline (傾く)＞

動 低下する，衰える；断わる：Car production in this country is gradually **declining**. この国の車の生産は徐々に低下している．

— **名** 低下，下降；減少；衰え：The company suffered a considerable **decline** in car sales. その会社は車の販売がかなり低下した．

decli**nation** /dèklənéɪʃən/ **名**〖物理〗（磁針の）偏差．

② incline* /ɪnkláɪn/ ＜ in (中に) + cline (傾く)＞

動 気にさせる；傾ける；傾く：I wasn't **inclined** to help him break the law. 私は彼が法律を破るのを手助けする気になれなかった．

— **名** /ínklaɪn/ 斜面，坂．

inclin**ed** /ɪnkláɪnd/ **形** …する傾向がある；…する気である．
　（⇔ **dis**inclined **形** 気が進まない）
inclin**ation** /ìnklənéɪʃən/ **名** 好み，意向；傾向；傾き．
　（⇔ **dis**inclination **名** 気の進まないこと，いやけ）

③ recline /rɪkláɪn/ ＜ re (後ろに) + cline (傾く)＞

動 もたれる，横になる；（シートが）後ろに倒れる；（シート）を後ろに倒す：He **reclined** comfortably on a sofa. 彼は気持よくソファーにもたれた．

reclin**er** /rɪkláɪnɚ/ **名** リクライニングチェアー．

(語根)

④ **clinic*** /klínɪk/ ＜clin（傾く）＋ ic（…の）＞

名 診療所，クリニック： The **clinic** holds an annual health examination. 診療所は年1回健康診断を行っている．
clinical /klínɪk(ə)l/ **形** 臨床の；診療所の．

⑤ **climate*** /kláɪmət/ ＜clim（傾く）＋ ate（…化した）＞

名 気候；地方： How do you like the **climate** of Japan? 日本の気候はいかがですか．
climatic /klaɪmǽtɪk/ **形** 気候の；風土的な．

その他の同語源の語

⑥ **clim**ax* /kláɪmæks/ **名** 絶頂，最高潮（←最終段階←はしご）．
　（⇔ **anti**climax **名** 尻（しり）すぼみ，竜頭蛇尾，拍子抜け）
　clima**ctic** /klaɪmǽktɪk/ **形** クライマックスの，頂点の．
⑦ **clim**acteric /klaɪmǽktərɪk/ **名** 更年期；転換期（←危機的な時期←はしごの段）．
⑧ ac**clim**ate /ǽkləmèɪt/ **動** 新しい風土に慣らす（←気候に合わせる）．
　acclimation /æˌkləméɪʃən/ **名** 順応，順化．
⑨ **client*** /kláɪənt/ **名**（弁護士の）依頼人，（商店の）お客（←寄りかかる人）．
⑩ de**cliv**ity /dɪklívəti/ **名** 下り坂（←下に傾くこと）．
　declivitous /dɪklívətəs/ **形** 下り傾斜の．
⑪ de**clen**sion /dɪklénʃən/ **名**《文法》語形変化；変化形．
⑫ **lean*** /líːn/ **動** 傾く；寄りかかる；傾ける．

commun (共有の) = common

① **commun**ity （共有の状態）→共同社会
② **commun**ism （共有主義）→共産主義
③ **commun**e （共有するもの）→生活共同体
④ **commun**icate （他人と共有する）→(情報)を伝達する
⑤ **commun**iqué （他人と共有されたもの）→コミュニケ

例文・派生語

① community** /kəmjúːnəti/　＜ commun（共有の）＋ ity（状態）＞

名 共同社会；地域社会；一般社会：How about building air-conditioned **communities** under the sea? 海底に空調完備の共同社会を建設するというのはどうですか．

② communism* /kámjʊnìzm/　＜ commun（共有の）＋ ism（…主義）＞

名 共産主義；共産主義体制：What is the main difference between socialism and **communism**? 社会主義と共産主義の主な違いは何ですか．
commun**ist** /kámjʊnɪst/ **名** 共産主義者；共産党員．

③ commune /kámjuːn/

名 生活共同体；コミューン：He is thinking of establishing a **commune** for social dropouts. 彼は社会から脱落した人のために生活共同体を作ることを考えている．
commun**al** /kəmjúːn(ə)l/ **形** 共同体間の，集団間の；公共の，自治体の．

④ communicate* /kəmjúːnəkèɪt/　＜ commun（共有の）＋ ate（…にする）＞

動 (情報)を伝達する，伝える；(情報を)交換する：Dolphins can **communicate** information to each other. イルカはお互いに情報を伝達することができる．
communica**tion** /kəmjùːnəkèɪʃən/ **名** 伝達，コミュニケーション；通信；通信機関．
communic**able** /kəmjúːnɪkəbl/ **形** 伝達できる；伝染する．

⑤ **communiqué** /kəmjùːnəkéɪ/ ＜ communicated（伝達された）に相当するフランス語）＞

名 コミュニケ，公式声明；広報：The government issued a joint **communiqué** after the talks. 政府はその会談の後，共同コミュニケを出した.

その他の同語源の語

⑥ **commun**e /kəmjúːn/ **動**（自然と）心を通わす；親しく交わる（←共有する）.
⑦ **commun**ion /kəmjúːnjən/ **名** 親しい交わり；霊的な交渉（←共有すること）.
⑧ **common**** /kámən/ **形** 普通の，ありふれた；共通の，共同の；公共の.
　（⇔ **un**common **形** 珍しい，まれな；異常な，著しい）
　commonly /kámənli/ **副** 一般に，普通は.
　（⇔ **un**commonly **副** 並はずれて，非常に）
　commoner /kámənɚ/ **名** 平民，庶民.
⑨ **common**wealth* /kámənwèlθ/ **名** 共和国，連邦（←共有の財産）.
⑩ **common**sense* /kámənséns/ **形** 常識的な，良識のある.
⑪ **common**place /kámənplèɪs/ **形** ありふれた，日常普通の（←共有の話題）.

corp (体) = body

① **corp**orate （一体化した→団体の）→会社の
② in**corp**orate （体の中に入れる）→組み込む
③ **corp**se （体）→死体
④ **corp**oral 身体の
⑤ **corp**s （軍隊の団体）→部隊
⑥ **corp**us （一体となったもの）→全集

例文・派生語

① corporate* /kɔ́ːrp(ə)rət/ ＜ corp (体→団体) + ate (…化した) ＞

形 会社の，企業の，団体の；共同の：The **corporate** executives are fighting against the new problem. 会社の幹部たちはその新しい問題と闘っている．
corporat**ion** /kɔ̀ːrpəréɪʃən/ 名 株式会社；社団法人．

② incorporate* /ɪnkɔ́ːrpərèɪt/ ＜ in (中に) + corp (体→団体) + ate (…にする) ＞

動 組み込む，統合する；法人にする：Capitalistic principles of finance were **incorporated** into the management of the company. 資本主義の財政の原理がその会社の経営に組み込まれた．
incorporat**ion** /ɪnkɔ̀ːrpəréɪʃən/ 名 組み込み，統合；会社設立．
incorporat**ed** /ɪnkɔ́ːrpərèɪtɪd/ 形 会社［法人］組織の，株式会社の．

③ corpse* /kɔ́ːrps/ ＜ corpus (体) ＞

名 (人間の)死体，死骸：Don't move the **corpse** before the police arrive. 警察が来るまで死体を動かしてはいけない．

④ corporal /kɔ́ːrp(ə)rəl/ ＜ corp (体) + al (…の) ＞

形 身体の，肉体の：**Corporal** punishment in school has been abolished. 学校での体罰は廃止されている．
corporal**ity** /kɔ̀ːrpərǽləti/ 名 有体性；肉体．

語根

⑤ **corps*** /kɔ́ɚ/　＜ army corps（体→団体）の略＞

名 部隊；軍団；団体：The President commanded the Army **Corps** in the battle. その戦闘で大統領が陸軍部隊を指揮した．

> ★corps の p は発音しない．また s は単数形では発音しないが複数形では発音する．

⑥ **corpus** /kɔ́ɚpəs/　＜ corpus（体→集成）＞

名 全集，集成，コーパス：He has the **corpus** of Dickens' works. 彼はディケンズの作品の全集を持っている．

その他の同語源の語

⑦ **corp**oreal /kɔɚpɔ́ːriəl/ **形** 身体上の，肉体的な；物質的な（←体の）．
　　（⇔ in**corp**oreal **形** 形体のない，実体のない；霊的な）
⑧ **corp**ulent /kɔ́ɚpjulənt/ **形** 肥満した，太った（←肉体に富む）．
　corpulen**ce** /kɔ́ɚpjuləns/ **名** 肥満，肥大．
⑨ **corp**uscle /kɔ́ɚpʌsl/ **名**《解剖》血球（←体の中の小さなもの）．
⑩ **cor**set /kɔ́ɚsɪt/ **名** コルセット（←小さな体を作るもの）．

cover（覆う）

① **cover** 覆う
② **discover** （覆いを取り除く）→発見する
③ **recover** （再び覆い直す）→回復する
④ **uncover** （覆いを取り去る）→暴露する
⑤ **coverage** （覆うもの）→報道

つなぎ服
(coveralls)

例文・派生語

① cover** /kʌ́vɚ/

動 覆う，包む；（壁紙を）…に張る；（ある範囲）にわたる：The mountains were **covered** with snow. 山々は雪で覆われていた．── 名 覆い，カバー；（本の）表紙．
cover**ed** /kʌ́vɚd/ 形 覆い［屋根，ふた］のついた．
cover**ing** /kʌ́v(ə)rɪŋ/ 名 覆い，カバー．

② discover** /dɪskʌ́vɚ/ ＜ dis（離して）＋ cover（覆い）＞

動 発見する，突きとめる，…に気がつく：Radium was **discovered** by Madame Curie. ラジウムはキュリー夫人によって発見された．
discover**y** /dɪskʌ́v(ə)ri/ 名 発見；発見されたもの．
discover**er** /dɪskʌ́v(ə)rɚ/ 名 発見者．

③ recover* /rɪkʌ́vɚ/ ＜ re（再び）＋ cover（覆う）＞

動 回復する；立ち直る；取り戻す：I am glad to hear that you have **recovered**. あなたが回復したと聞いてうれしい．
recover**y** /rɪkʌ́v(ə)ri/ 名 回復，復旧；取り戻し．
recover**able** /rɪkʌ́v(ə)rəbl/ 形 回復可能な，取り返せる．
recover**ed** /rɪkʌ́vɚd/ 形 （病気から）回復して．

④ **uncover*** /ʌnkʌ́vɚ/ ＜un（取り去る）＋cover（覆い）＞

動 暴露する，明らかにする；…のふた［覆い］を取る： The plot was **uncovered** by the press. その陰謀は新聞によって暴露された．

⑤ **coverage*** /kʌ́v(ə)rɪdʒ/ ＜cover（覆う）＋age（もの）＞

名 報道，取材；〚保険〛補償範囲： The satellite TV is providing total **coverage** of the Olympic Games. 衛星テレビがオリンピック大会のすべての報道を行っている．

その他の同語源の語

⑥ **covert** /kóʊvɚːt/ 形 ひそかな，隠れた，暗に示した（←覆われた）．
covertly /kóʊvɚːtli/ 副 ひそかに，こっそり，それとなく．

⑦ **covert** /kʌ́vɚt/ 名 （獲物の）隠れ場所（←覆われた所）．

⑧ **cover**-up /kʌ́vɚʌ̀p/ 名 隠蔽，もみ消し（←完全に覆うこと）．

⑨ **cover**alls /kʌ́vɚɔ̀ːlz/ 名 カバーロール，つなぎ服．

⑩ **cover**let /kʌ́vɚlət/ 名 （ベッドの）上掛け，ベッドカバー（bedspread）（←小さな覆い）．

⑪ re-**cover** /rɪkʌ́vɚ/ 動 覆い直す，張り替える．

create（生じる）= grow

① **create** （生じさせる）→創造する
② **creat**ure （神によって創造されたもの）→生き物
③ re**creat**ion （再び元気づけるもの）→娯楽
④ in**crea**se （上に生じる）→増える
⑤ de**crea**se （下に生じる）→減る

例文・派生語

① create** /kriéɪt/

動 創造する，作り出す；引き起こす：Christians believe that God **created** man. キリスト教徒は神が人を創造したと信じている．
creation /kriéɪʃən/ **名** 創造，創作；創作物．
creative /kriéɪtɪv/ **形** 創造的な，創造力のある．
creator /kriéɪtɚ/ **名** 創造者，創作者；創造主．
re-create /rìː kriéɪt/ **動** 再現する，複製する．

② creature* /kríːtʃɚ/ ＜ creat（創造する）＋ ure（もの）＞

名 生き物，動物，人間：Do you know what kind of **creatures** live in the depths of the ocean? 深海にはどのような生き物が生息しているか知っていますか．

③ recreation* /rèkriéɪʃən/ ＜ re（再び）＋ creat（創造する）＋ ion（もの）＞

名 娯楽，休養，気晴らし，レクリエーション：Our city needs more facilities for **recreation**. わが市にはもっと娯楽施設が必要だ．
recreational /rèkriéɪʃ(ə)nəl/ **形** 休養の，娯楽の，レクリエーションの．
recreate /rékrɪeɪt/ **動** 休養する，気晴らしをする．

④ increase** /ɪnkríːs/ ＜ in（上に）＋ crease（生じる）＞

動 増える，多くなる；増やす，増加させる：Accidents have **increased** in number. 事故の数が増えた．── **名** /ínkriːs/ 増加，増大．
increasingly /ɪnkríːsɪŋli/ **副** ますます，次第に．

⑤ **decrease*** /dɪkríːs/ ＜ de（下に）＋ crease（生じる）＞

動 減る，少なくなる；減らす： The population of that village has **decreased** by five percent every year. その村の人口は毎年 5 パーセントずつ減っている．
── **名** /díːkriːs/ 減少．

その他の同語源の語

⑥ **concrete*** /kɑ̀nkríːt/ **形** 具体的な（←完全に生じた）．
concret**ion** /kənkríːʃən/ **名** 凝固；凝固物．
⑦ **cre**scent /krés(ə)nt/ **名** 三日月（←次第に大きくなる月）．
⑧ **decre**scent /dɪkrés(ə)nt/ **形** （月が）下弦の（←次第に欠けていく）．
⑨ in**cre**ment /íŋkrəmənt/ **名** 増加；増額（←上に生じること）．
incremental /ìŋkrəméntl/ **形** （少しずつ）増加する．
⑩ ac**cre**tion /əkríːʃən/ **名** 増加物，付着物，堆積層；増大，堆積（←…に生じた物）．
⑪ ex**cre**scence /ɪkskrés(ə)ns/ **名** 邪魔物；病的増殖物（←外に生じたもの）．
excrescent /ɪkskrés(ə)nt/ **形** （病的に）隆起した；こぶの，いぼの．
⑫ **recruit*** /rɪkrúːt/ **動** 募集する；**名** 新入社員，新会員；新兵（←補充する）．
⑬ ac**crue** /əkrúː/ **動** （利子が）つく，（利益が）生じる；（利子を）ためる．
accrual /əkrúːəl/ **名** （利子の）発生，付加．

cri (決定する) = decide

① **cri**sis　　　（分けること→病気の峠）→危機
② **cri**me　　　（裁判の判決）→犯罪
③ **cri**tic　　　（判断する人）→批評家
④ **cri**ticize　（判断する）→批判する
⑤ dis**cri**minate（区別する）→差別する
⑥ **cri**terion　（判断するもの）→基準

例文・派生語

① crisis** /kráɪsɪs/ ＜ crisis（決定する→分けること→病気の峠）＞

名 危機，難局；分かれ目，転機，（病気の）峠：There will be an economic **crisis** by the end of this year. 今年末までに経済危機が来るだろう．
cri**tical** /krítɪk(ə)l/ **形** きわめて重大な，決定的な；危機の．
cri**tically** /krítɪkəli/ **副** 決定的に；危機的に．

② crime** /kráɪm/ ＜ crime（決定すること→裁判の判決）＞

名 犯罪；罪：**Crime** does not pay. 犯罪は引き合わない．
crim**inal** /krímən(ə)l/ **形** 犯罪の；**名** 犯罪者，犯人．
crim**inally** /krímənəli/ **副** 刑事上；罪になるほど．
crim**inalize** /krímənəlàɪz/ **動** 犯罪者にする；違法とみなす．
crim**inalization** /krìmənəlɪzéɪʃən/ **名** 犯罪者にすること；違法とみなすこと．
crim**inology** /krìmənálədʒi/ **名** 犯罪学．
crim**inologist** /krìmənálədʒɪst/ **名** 犯罪学者．

③ critic* /krítɪk/ ＜ crit（決定する）＋ ic（人）＞

名 批評家，評論家；批判者：All the **critics** agree that it is a masterpiece. それは傑作であるということで批評家全員の意見が一致している．
cri**tical** /krítɪk(ə)l/ **形** 批判的な；批評の，評論の．
cri**tically** /krítɪkəli/ **副** 批判的に；批評で．
cri**tique** /krɪtíːk/ **名** 批評，評論；**動** 批評する

④ **criticize**, 《英》**criticise** /krítəsàɪz/ ＜ critic（決定する）＋ ize（…にする）＞

動 批判する，非難する；批評する：He was **criticized** for his carelessness. 彼は不注意だと批判された．
critic**ism** /krítəsìzm/ **名** 批判、非難；批評．

⑤ **discriminate** /dɪskrímənèɪt/ ＜ dis（別々に）＋ crimin（決定する）＋ ate（…にする）＞

動 差別する，区別する，見分ける：This law **discriminates** against women. この法律は女性を差別するものだ．
discriminat**ion** /dɪskrìmənéɪʃən/ **名** 差別，差別待遇．
discriminat**ing** /dɪskrímənèɪtɪŋ/ **形** 違いのわかる，目の肥えた．

⑥ **criterion** /kraɪtí(ə)riən/ ＜ criter（決定する）＋ ion（もの）＞

名 基準，標準：What **criteria** do you use in judging the character of a prospective employee? 従業員になる予定の人の人物評価にどのような基準を用いますか《★criteria /kraɪtí(ə)riə/ は criterion の複数形》．

cult (耕す) = till

① **cult**ure （耕したもの）
　　　　　　→文化
② **cult**ivate 耕す
③ agri**cult**ure （土地を耕すこと）
　　　　　　→農業
④ **cult** （耕作→崇拝）
　　　　　　→カルト

cultivate

例文・派生語

① culture** /kʌ́ltʃɚ/ ＜ cult（耕す）+ ure（…したもの）＞

名 文化；文化活動，教養；栽培，養殖：We owe much to Western **culture**. 我々は西洋文化に非常に恩恵を受けている．
cultural /kʌ́ltʃ(ə)rəl/ **形** 文化の，文化的な；教養の．
culturally /kʌ́ltʃ(ə)rəli/ **副** 教養の面で．
cultured /kʌ́ltʃɚd/ **形** 教養のある，洗練された；栽培された，養殖された．

② cultivate* /kʌ́ltəvèɪt/ ＜ cult（耕す）+ ate（…する）＞

動 耕す；栽培する，養殖する；養う：They had a hard time **cultivating** the new land. 彼らはその新しい土地を耕すのに苦労した．
cultivation /kʌ̀ltəvéɪʃən/ **名** 耕すこと，耕作；栽培，養殖；養成；教養．
cultivated /kʌ́ltəvèɪtɪd/ **形** 教養のある；栽培された，養殖された；耕された．
cultivator /kʌ́ltəvèɪtɚ/ **名** 耕作者；栽培者，養殖家；耕耘機．

③ agriculture* /ǽgrikʌ̀ltʃɚ/ ＜ agri（畑）+ cult（耕す）+ ure（こと）＞

名 農業；農学：**Agriculture** is the world's greatest and most vital industry. 農業は世界の最大にしてもっとも重要な産業である．
agricultural /ǽgrikʌ́ltʃ(ə)rəl/ **形** 農業の；農学の．
agriculturist /ǽgrikʌ́ltʃ(ə)rɪst/ **名** 農学者；農業経営者．

④ **cult*** /kʌ́lt/ ＜cult（耕作→崇拝）＞

名 カルト，新興宗教団体；礼拝；崇拝：He is a member of a **cult**. 彼はカルトの信者です．

その他の同語源の語

⑤ **cult**ivable /kʌ́ltəvəbl/ **形** （土地が）耕作できる；栽培できる．
⑥ ac**cult**urate /əkʌ́ltʃərèɪt/ **動** 文化的に適応する；（子供）を適応させる．
acculturat**ion** /əkʌ̀ltʃəréɪʃən/ **名** 文化的適応．
⑦ aqua**cult**ure /ákwəkʌ̀ltʃɚ/ **名** 水産養殖．
⑧ api**cult**ure /éɪpəkʌ̀ltʃɚ/ **名** 養蜂（ようほう）．
⑨ flori**cult**ure /flɔ́ːrəkʌ̀ltʃɚ/ **名** 草花栽培，花卉（かき）園芸．
⑩ seri**cult**ure /sérəkʌ̀ltʃɚ/ **名** 養蚕．
⑪ **colony*** /káləni/ **名** 植民地，開拓地；入植者（←農民）．
colon**ial** /kəlóʊniəl/ **形** 植民地の；**名** 入植者．
colonial**ism** /kəlóʊniəlìzm/ **名** 植民地主義．
colon**ize** /kálənàɪz/ **動** 植民地として開拓する；植民地化する；入植する．
coloniz**ation** /kàlənɪzéɪʃən/ **名** 植民，植民地開拓；植民地化．
colon**izer** /kálənàɪzɚ/ **名** 植民地開拓者，入植者．
colon**ist** /kálənɪst/ **名** 入植者．

custom (慣習)

① **custom** 慣習
② **custom**s (慣例的な貢物) →税関
③ **custom**er (店にいつも来る人) →客
④ ac**custom** 慣れさせる

例文・派生語

① custom* /kʌ́stəm/

名 慣習，風習；習慣：This **custom** has been practiced for centuries. この慣習は何世紀にもわたって行われてきた．
customary /kʌ́stəmèri/ **形** 習慣的な；慣習上の．
customize /kʌ́stəmàɪz/ **動** (車)を特注製造する；カスタマイズする．

② customs** /kʌ́stəmz/ ＜ custom (慣習) + s (複数) ＞

名 税関；関税：It took half an hour to get through **customs** at the airport. 空港の税関を通過するのに30分かかった．

③ customer** /kʌ́stəmɚ/ ＜ custom (慣習) + er (人) ＞

名 客：A pleased **customer** will recommend the store to others. 満足した客は他の人にその店を推奨するものだ．

④ accustom /əkʌ́stəm/ ＜ ac (= ad…に) + custom (慣習) ＞

動 慣れさせる：Are you **accustomed** to your new surroundings? 新しい環境に慣れましたか．
accustomed /əkʌ́stəmd/ **形** 慣れた．

その他の同語源の語

⑤ **costume*** /kʌ́st(j)uːm/ **名** 衣装；服装(←風俗, 習慣).

> 語根

di（日）= day

① **di**et （日常の食物）→ 食事
② **di**ary （日々の食事・給料の記録）→ 日記
③ **di**al （日の→日時計）→ 文字盤
④ **di**smal （不吉な日々）→ 陰気な

例文・派生語

① **diet**** /dáɪət/ ＜di（日）＋et（小さい，もの）＞

名 食事，日常の食物；ダイエット，規定食：A well-balanced **diet** and moderate exercise are essential to maintaining good health. バランスのとれた食事と適度の運動が健康の維持には不可欠です．

② **diary*** /dáɪəri/ ＜di（日）＋ary（…に関するもの）＞

名 日記，日誌：His **diary** is an invaluable historical document. 彼の日記はきわめて貴重な歴史文書だ．

③ **dial*** /dáɪ(ə)l/ ＜di（日）＋al（…の）＞

名 文字盤，ダイヤル：The **dial** of his watch said 10:30. 彼の腕時計の文字盤は10時30分を示していた．── 動 電話をかける．

④ **dismal** /dízm(ə)l/ ＜dis（日々）＋mal（悪い）＞

形 陰気な，暗い：The war gave everything a **dismal** outlook 戦争のためすべてが陰気な様相を呈していた．

その他の同語源の語

⑤ meri**di**an /mərídiən/ 名 子午線，経線（←日中の，正午の）．

dome (家) = house

①	**dom**e	(家) → 丸屋根
②	**dom**estic	(家の→自分の所の) → 国内の
③	**dom**inant	(一家の主人の) → 支配的な
④	king**dom**	(王の領地) → 王国
⑤	**dom**ain	(領土) → (活動の) 分野
⑥	pre**dom**inate	(先に支配する) → (数量で)勝る
⑦	con**dom**inium	(共同の支配) → 分譲マンション

dome

例文・派生語

① **dom**e* /dóʊm/

名 丸屋根, ドーム；ドーム型スタジアム： St. Paul's Cathedral lifted its majestic **dome** into the air. セントポール大聖堂がその荘厳な丸屋根を空に浮かべていた.

② **dom**estic** /dəméstɪk/　＜ dome (家) ＋ ic (…の) ＞

形 国内の, 自国の；家庭の；家庭的な；飼いならされた： The company is gradually closing **domestic** branches and opening overseas branches. その会社は徐々に国内の支店を閉じ海外の支店を開設しようとしている.
domestic**ate** /dəméstɪkèɪt/ 動 (動物) を飼いならす.
domestic**ation** /dəmèstɪkéɪʃən/ 名 飼いならすこと.

③ **dom**inant* /dάmənənt/　＜ dom (家) ＋ ant (…性の) ＞

形 支配的な；優位にある；〖生物〗優性の： The **dominant** idea of the Meiji era is modernization. 明治時代の支配的な思想は近代化である.
domin**ance** /dάmənəns/ 名 優越, 優勢；支配.
domin**ate** /dάmənèɪt/ 動 支配する；…より優勢である.

dominat**or** /dάmənèɪṭɚ/ 名 支配者.
domin**ion** /dəmínjən/ 名 支配権，支配；領土.

④ **kingdom*** /kíŋdəm/ ＜ king（王）＋ dom（家→領地）＞

名 王国；（学問の）分野，…界：Denmark is a **kingdom**. デンマークは王国である.

⑤ **domain** /doʊméɪn/ ＜ dominion（支配，領土）との連想より＞

名 （活動の）分野，領域：She is the master of her **domain**. 彼女はその分野の大家である.

⑥ **predominate** /prɪdάmənèɪt/ ＜ pre（先に）＋ dominate（主人として支配する）＞

動 （数量で）勝る，多い；優勢である：Knowledge will always **predominate** ignorance. 知識は常に無知に勝る.
predomin**ant** /prɪdάmənt/ 形 勝っている，優勢な；主な.
predominant**ly** /prɪdάmənəntli/ 副 圧倒的に，主に.
predominan**ce** /prɪdάmənəns/ 名 （力・数が）勝っていること，優勢.

⑦ **condominium** /kὰndəmíniəm/ ＜ con（共に）＋ dominion（支配）＞

名 分譲マンション；共同管理（地）：He bought a **condominium** near his office. 彼は職場近くの分譲マンションを買った.

その他の同語源の語

⑧ Christen**dom** /krís(ə)ndəm/ 名 キリスト教国，キリスト教徒.
⑨ **dom**icile /dάməsàɪl/ 名 〘法律〙居住地（←住み家）.
⑩ in**dom**itable /ɪndάməṭəbl/ 形 不屈の，負けん気の（←慣らしにくい）.
⑪ **daun**t /dɔ́ːnt/ 動 （人）を威圧する，（人）の気力をくじく（←飼いならす）.
⑫ **dan**ger** /déɪndʒɚ/ 名 危険；危険なこと［物，人］（←恐ろしい力←君主の権力）.
  danger**ous** /déɪndʒ(ə)rəs/ 形 危険な，危ない.
  endanger /ɪndéɪndʒɚ/ 動 危険にさらす.

dou (2つ) = two

① **dou**ble　　（2つに折りたたむ）→二重の
② **dou**bt　　　（2つの物の間で揺れ動く）
　　　　　　　　→疑い；疑う
③ **du**al　　　　（2つの）→二重の
④ **du**bious　　（二面性を持った）→疑わしい
⑤ **du**et　　　　（2つのもの）→デュエット
⑥ **du**plicate　（2つに折り重ねる）
　　　　　　　　→複製する

duet

例文・派生語

① **double**** /dʌ́bl/ ＜ dou (2つ) + ble (= ple 折りたたむ) ＞

形 二重の，2倍の：Growing your own vegetables has a **double** advantage. 自分で野菜を栽培することには二重の利点がある.
— 副 2倍（だけ）. — 名 2倍の数［量］. — 動 2倍にする；二重にする；2倍になる.
doubly /dʌ́bli/ 副 2倍に，いっそう…に；二重に.
redouble /riːdʌ́bl/ 動 倍加する，いっそう強める.

② **doubt**** /dáʊt/ ＜ doubt (2つから選ぶ→疑う) ＞

名 疑い，疑問：There is some **doubt** as to whether he did it himself or not. 彼がそれを自分でしたかどうか疑いがもたれている.
— 動 疑う，疑わしいと思う：Kate never **doubted** his story. ケートは全然彼の話を疑わなかった.
doubtful /dáʊtf(ə)l/ 形 疑わしい；疑いを抱いている.
doubtfully /dáʊtfəli/ 副 疑わしげに.
doubtless /dáʊtləs/ 副 恐らく；疑いもなく，確かに.
doubter /dáʊtɚ/ 名 疑う人.

③ **dual*** /d(j)úːəl/ ＜ du（2つ）+ al（…の）＞

形 二重の：Chris has **dual** nationality because his mother is British and his father is American. クリスは母親がイギリス人で父親がアメリカ人なので二重国籍をもっている．
dual**ity** /d(j)uːǽləti/ 名 二重性，二元性．

④ **dubious*** /d(j)úːbiəs/ ＜ du（2つ）+ ious（…の特徴を持つ）＞

形 疑わしい，怪しい；疑いを持って：His explanation is **dubious**. 彼の説明は疑わしい．
dubious**ly** /d(j)úːbiəsli/ 副 疑わしげに，疑わしく．

⑤ **duet** /d(j)uːét/ ＜ du（2つ）+ et（小さい，もの）＞

名 デュエット，二重奏［唱］，二重奏［唱］曲：Do you know the man who is singing a **duet** with her? 彼女とデュエットを歌っている男性を知っていますか．

⑥ **duplicate** /d(j)úːplɪkèɪt/ ＜ du（2つ）+pli（折りたたむ）+ate（…にする）＞

動 複製する，複写する：A cell **duplicates** itself by dividing into two halves. 細胞は2つに分かれて複製される．
—— 形 /d(j)úːplɪkət/ そっくり同じの，複製の．—— 名 複製，複写．
duplic**ation** /d(j)ùːplɪkéɪʃən/ 名 複製，複写．
duplic**ity** /d(j)ùːplísəti/ 名 裏表のあること，二枚舌．

その他の同語源の語

⑦ **duel** /d(j)úːəl/ 名 決闘，果たし合い（←二者間の戦い）．
⑧ **duplex** /d(j)úːpleks/ 名 重層式アパート．
⑨ **duologue** /d(j)úːəlɔ̀ːɡ/ 名 （2人の）対話（☞ log の項）．
⑩ **duodecimal** /d(j)ùːədésəm(ə)l/ 形 12進法の．
⑪ **dodecagon** /doʊdékəgɑ̀n/ 名 12角形．
⑫ **dozen**** /dʌz(ə)n/ 名 ダース《12個》．

equ (等しい) = equal

① **equ**al　　　　　等しい
② ad**equ**ate　　　（…に等しくする）→ 十分な
③ **equ**ation　　　（等しくすること）→ 方程式
④ **equ**ivalent　　（等しい価値の）→ 同等の
⑤ **equ**ity　　　　（等しい状態）→ 公平
⑥ **equ**ator　　　（地球を等分するもの）→ 赤道

例文・派生語

① **equal**** /íːkwəl/　＜ equ (平らな→等しい) + al (…の) ＞

形 等しい，同等の；平等の；耐える：On the day of an equinox, day and night are of **equal** length. 春分と秋分には昼と夜の長さが等しくなる. —— 名 同等の人 [もの].
—— 動 …に等しい；…に匹敵する．（⇔ **un**equal 形 不釣り合いな；等しくない）
equa**lity** /ɪkwάləti/ 名 等しいこと，平等．
（⇔ **in**equality 名 等しくないこと，不平等）
equal**ize** /íːkwəlàɪz/ 動 等しくする，平等にする．
equal**ly** /íːkwəli/ 副 等しく；平等に；それと同様に．（⇔ **un**equally 副 不平等に）

② **adequate*** /ǽdɪkwət/　＜ ad (…に) + equ (等しい) + ate (…にする) ＞

形 十分な；適した：His salary was not **adequate** to support his family. 彼の給料は一家を支えるには十分ではなかった．（⇔ **in**adequate 形 不十分な，不適当な）
adequa**cy** /ǽdɪkwəsi/ 名 適切さ，妥当性；十分．
（⇔ **in**adequacy 名 不十分，不適当）

③ **equation*** /ɪkwéɪʒən/　＜ equ (等しい) + ate (…にする) + ion (こと) ＞

名 方程式，等式：Find the value of x that satisfies the following **equation**. 次の方程式を満たす x の値を求めよ．
equ**ate** /ɪkwéɪt/ 動 等しいとみなす，同等視する．

④ **equivalent** /ɪkwívələnt/ ＜ equi（等しい）＋ val（価値）＋ ent（…の）＞

形 同等の，同量の；相当する：He has scholastic ability **equivalent** to that of a university student. 彼は大学生と同等の学力がある．
— 名 同等物，相当量；同義語．
equivalence /ɪkwívələns/ 名 同等，同価値；同意義．

⑤ **equity** /ékwəti/ ＜ equ（等しい）＋ ity（状態）＞

名 公平，公正；〖商業〗純資産額：They shared the work with perfect **equity**. 彼らは仕事を完全に公平に分担した．(⇔ **in**equity 名 不公平，不公正)

⑥ **equator** /ɪkwéɪtə/ ＜ equ（等しい）＋ ate（…にする）＋ or（もの）＞

名 赤道：Ecuador lies right on the **equator**. エクアドルは赤道直下にある．
equatorial /ìːkwətɔ́ːriəl/ 形 赤道の，赤道付近の；非常に暑い．

その他の同語源の語

⑦ **equi**table /ékwətəbl/ 形 公平な，公正な．
(⇔ **in**equitable 形 不公平な，公正でない)
⑧ **equi**librium /ìːkwəlíbriəm/ 名 平均，つり合い，（身体の）バランス．
⑨ **equi**nox /íːkwənɑ̀ks/ 名 彼岸の中日，春分，秋分（←夜の長さが昼と等しくなる時）．
⑩ **equi**vocal /ɪkwívək(ə)l/ 形 両方の意味にとれる，あいまいな（←同じ声の）．
⑪ **equi**vocate /ɪkwívəkèɪt/ 動 （のらりくらりと）言い逃れる，（あいまいに）ぼかす．
⑫ **equi**distant /ìːkwədíst(ə)nt/ 形 等距離の．
⑬ **equi**lateral /ìːkwəlǽtərəl/ 形 〖数学〗等辺の．
⑭ **equ**able /ékwəbl/ 形 平静な，落ち着いた；（気温が）一様な．
⑮ **equ**animity /ìːkwənímət̬i/ 名 （心の）平静，落ち着き（←等しい心を持った）．
⑯ **in**iqu**i**tous /ɪníkwətəs/ 形 不正の，不法な（←平等でない）．
⑰ **Ec**u**a**dor /ékwədɚ/ 名 エクアドル（←赤道直下の国；equator に相当するスペイン語）．

fa (話す) = speak

① **fa**me　　　（評判）→名声
② **fa**te　　　（予言者によって語られたこと）→運命
③ in**fa**nt　　（話のできない者）→幼児
④ pre**fa**ce　（前もって言うこと）→序文
⑤ **fa**ble　　（物語）→寓話
⑥ in**fa**mous （評判のよくない）→悪名の高い

例文・派生語

① fame* /féɪm/

名 名声，有名なこと： His **fame** increased with every hit movie. 彼の名声は映画がヒットするたびに高まった．
fam**ous** /féɪməs/ **形** 有名な，名高い．
fam**ously** /féɪməsli/ **副** よく知られているように．
fam**ed** /féɪmd/ **形** 有名な，名高い．
de**fame** /dɪféɪm/ **動** 中傷する，…の名誉を毀損する．

② fate* /féɪt/

名 運命；宿命： No one can avoid their **fate**. 運命は誰も避けられないものだ．
fat**al** /féɪtl/ **形** 致命的な；重大な． fat**ally** /féɪtəli/ **副** 致命的に．
fat**ality** /feɪtǽləti/ **名** （事故・戦争による）死，死者；（病気の）致死率．
fat**alistic** /fèɪtəlístɪk/ **形** 運命的な． fate**ful** /féɪtf(ə)l/ **形** 運命を決めるような．

③ infant* /ínfənt/　＜ in (…ない) + fant (話す) ＞

名 幼児，小児： These countries have a shockingly high **infant** mortality. これらの国の幼児死亡率は驚くほど高い．
infan**tile** /ínfəntàɪl/ **形** 子供っぽい；幼児期の．
infan**cy** /ínfənsi/ **名** 幼時，幼年時代．

語根

④ **preface*** /préfəs/ ＜pre（前もって）＋face（言うこと）＞

名 序文, はしがき：He wrote the **preface** to his book. 彼は自分の本に序文を書いた.

★著者以外の人が書く序文は foreword という.

⑤ **fable** /féɪbl/

名 寓話；伝説：What is the point of this **fable**? この寓話の意味は何か.
fa**bul**ous /fǽbjʊləs/ 形 すばらしい，伝説上の.

⑥ **infamous** /ínfəməs/ ＜in（…ない）＋fam（評判）＋ous（…の）＞

形 悪名の高い：The **infamous** criminal was arrested. その悪名高い犯罪者は捕まった.
infa**my** /ínfəmi/ 名 不名誉，悪名.

その他の同語源の語

⑦ **infa**ntry* /ínfəntri/ 名 歩兵，歩兵隊（←若者←話のできない者たち）.
⑧ **affable** /ǽfəbl/ 形 人好きのする，愛想のよい（←…に話すことができる）.
⑨ **ineffable** /inéfəbl/ 形 （すばらしくて）言いようのない，言語に絶する.
⑩ **prefa**tory /préfətɔːri/ 形 序文の，前置きの.
⑪ **defame** /dɪféɪm/ 動 中傷する，…の名誉を毀損する（←名声から離す）.
⑫ **confess*** /kənfés/ 動 自白する，白状する，告白する（←すっかり話す）.
confession /kənféʃən/ 名 自白，告白.
confessional /kənféʃ(ə)nəl/ 名 ざんげ室；形 告白の.
⑬ **profess** /prəfés/ 動 …するふりをする；公言する，明言する（←人前で話す）.
profession /prəféʃən/ 名 職業，専門職；公言（←知識・技能を持っていることの公言）.
professional /prəféʃ(ə)nəl/ 形 職業の，職業上の；本職の.
professor /prəfésə/ 名 教授.
⑭ **prophe**t /práfɪt/ 名 予言者；預言者（←神の意志を代弁する者）.

firm（確実な）

① **firm** （確実な）→堅い
② con**firm** （完全に確実な）→確かめる
③ af**firm** （確実にする）→断言する

例文・派生語

① firm ** /fɚ́:m/

形 堅い；しっかりした；確定的な；断固たる：The buildings around here stand on **firm** ground. このあたりの建物は堅い地盤の上に立っている.
firmly /fɚ́:mli/ 副 しっかりと，堅固に；断固として，きっぱりと.
firmness /fɚ́:mnəs/ 名 堅さ，力強さ；しっかりした態度.

② confirm ** /kənfɚ́:m/ ＜ con（完全に）＋ firm（確実な）＞

動 確かめる，確認する；（信念）を強める：Can you **confirm** the certainty of the report? その報道が真実であることを確かめられますか.
confirmation /kɑ̀nfɚméɪʃən/ 名 確認；認可.
confirmed /kənfɚ́:md/ 形 凝り固まった，常習的となった.
re**confirm** /rì:kənfɚ́:m/ 動（予約）を再確認する.

③ affirm * /əfɚ́:m/ ＜ af（= ad…に）＋ firm（確実な）＞

動 断言する；賛同する；肯定する：He **affirmed** the truth of her statement. 彼は彼女の言ったことは本当だと断言した.
affirmation /æfəméɪʃən/ 名 断言，肯定；断言［肯定］されたこと.
affirmative /əfɚ́:mətɪv/ 形 肯定の，賛成の；名 肯定的な言葉；肯定.
affirmatively /əfɚ́:mətɪvli/ 副 肯定的に.
dis**affirm** /dìsəfɚ́:m/ 動【法律】否認する，（前判決）を破棄する.

(語根)

その他の同語源の語

④ in**firm** /ɪnfɚ́:m/ 形 弱い，衰弱した；薄弱な（←確実でない）．
　in**firm**ity /ɪnfɚ́:məti/ 名 弱いこと，薄弱；病気，欠点．
⑤ in**firm**ary /ɪnfɚ́:m(ə)ri/ 名 保健室，診療所；（軍の）病院（←確実でない人の行く所）．
⑥ **firm**ament /fɚ́:məmənt/ 名 大空，天空；（活動の）領域（←確実で落ちないもの）．
⑦ **farm**** /fáɚm/ 名 農場，農園；飼育場，養殖場（←地代←定まった支払い）．
　farmer /fáɚmɚ/ 名 農園主，農場経営者．
　farming /fáɚmɪŋ/ 名 農業．
　farmhouse /fáɚmhàʊs/ 名 農場主の住宅，農家．
　farmland /fáɚmlæ̀nd/ 名 農地．
　farmyard /fáɚmjàɚd/ 名 農場の構内，農家の庭．
　farmhand /fáɚmhæ̀nd/ 名 農場労働者．
　farmstead /fáɚmstèd/ 名 農場．
⑧ **fur**l /fɚ́:l/ 動 （旗・帆）を巻き上げる；（傘）をたたむ（←固く結ぶ）．
　（⇔ **unfur**l 動 （帆・旗）を広げる）

fort (強い) = strong

① ef**fort**　　（力を出すこと）→努力
② com**fort**　（力づける）→慰める；快適さ
③ 　**fort**　　（強い）→ 砦(とりで)
④ **fort**ify　　（強くする）
　　　　　　　→…に防御工事を施す

例文・派生語

① effort** /éfɚt/ ＜ ef (= ex 外へ) + fort (強い)＞

名 努力，骨折り：Her **efforts** were rewarded with a job promotion. 彼女の努力は職場での昇進によって報われた．
effortless /éfɚtləs/ 形 楽にしている；自然な．

② comfort* /kʌ́mfɚt/ ＜ com (すっかり) + fort (強い)＞

名 快適さ；慰め；慰めとなる人 [物]：This car provides **comfort**, economy and reliability. この車は快適さ，経済性，それに信頼性を与えてくれる．
(⇔ **dis**comfort 名 不快)
— 動 慰める：The girl was **comforted** by the letter she received. その少女は送られてきた手紙に慰められた．
comfortable /kʌ́mfɚtəbl/ 形 快適な，心地よい；気楽な．
　(⇔ **un**comfortable 形 心地の良くない；気持の落ち着かない)
comfortably /kʌ́mfɚtəbli/ 副 快適に，気持よく；楽に．
comforter /kʌ́mfɚtɚ/ 名 慰める人 [物]，羽毛の掛けぶとん．
comfortless /kʌ́mfɚtləs/ 形 慰めのない，わびしい．
comforting /kʌ́mfɚtɪŋ/ 形 元気づける，慰めるような．

③ fort* /fɔ́ɚt/

名 砦，要塞(ようさい)：The soldiers held the **fort** against the enemy. 兵士たちは砦を敵から守った．
fortress /fɔ́ɚtrəs/ 名 要塞《大規模で永久的なもの》．

語根

④ **fortify** /fɔ́ːrtəfàɪ/ ＜ fort（強い）+ ity（…にする）＞

動 …に防御工事を施す，要塞化する；（肉体的・精神的に）強くする： They **forti-fied** their camp against enemy attack. 彼らは敵の攻撃に備えて陣地に防御工事を施した.
fortification /fɔ̀ːrtəfɪkéɪʃən/ **名** 砦，要塞；要塞化；（食物の）栄養強化.

その他の同語源の語

⑤ **forte** /fɔ́ːrteɪ/ **副** 〖音楽〗フォルテで（強く，強音で）.

⑥ **fortitude** /fɔ́ːrtət(j)ùːd/ **名** 我慢強さ，不屈の精神（←強い状態；☞ -tude の項）.

⑦ **force**** /fɔ́ːrs/ **動** 強いる；力で進ませる；**名** 暴力；力；部隊（←強さ）.
 forcible /fɔ́ːrsəbl/ **形** 無理強いの，力づくの，強制的な.
 forcibly /fɔ́ːrsəbli/ **副** 力づくで，強制的に，無理やり.
 forceful /fɔ́ːrsfəl/ **形** （性格が）強い，強力な；説得力がある.
 forced /fɔ́ːrst/ **形** 強行の，無理強いの；不自然な.

⑧ **enforce*** /ɪnfɔ́ːrs/ **動** （法律）を施行する，実施する；無理強いする（←強化する）.
 enforcement /ɪnfɔ́ːrsmənt/ **名** 施行，執行；強制.

⑨ **reinforce*** /rìːɪnfɔ́ːrs/ **動** 強化する；（建物）を補強する（←さらに強化する）.
 reinforcement /rìːɪnfɔ́ːrsmənt/ **名** 強化，増強，補強；援軍.

gest (運ぶ) = carry

① sug**gest**　　（下に置く）→提案する
② **gest**ure　　（伝えること）→身振り
③ di**gest**　　（分けて運ぶ→分解する）
　　　　　　　　→消化する
④ con**gest**ed　（運び集めた）→混雑した
⑤ in**gest**　　（運び入れる）
　　　　　　　　→(食物)を摂取する

gesture

例文・派生語

① **suggest**** /sə(g)ʤést/　＜ sug (= sub 下に) + gest (運ぶ)＞

動 提案する；それとなく言う；暗示する：He **suggested** a new idea to the committee. 彼は新しい考えを委員会に提案した.
sugges**tion** /sə(g)ʤéstʃən/ 名 提案；示唆.
sugges**tive** /sə(g)ʤéstɪv/ 形 刺激的な，いかがわしい；暗示的な.
sugges**tible** /sə(g)ʤéstəbl/ 形 暗示にかかりやすい；影響されやすい.

② **gesture*** /ʤéstʃɚ/　＜ gest (運ぶ) + ure (こと)＞

名 身振り，しぐさ；(気持の)印；そぶり：English people don't use **gestures** as much as Italians do. イギリス人はイタリア人ほど身振りを使わない.
── 動 身ぶりをする；身ぶりで表す.

③ **digest*** /dàɪʤést/　＜ di (= dis 別々に) + gest (運ぶ)＞

動 消化する；よく理解する；消化される：The doctor examined the partially **digested** food. 医者は一部消化された食べ物を調べた.
diges**tion** /dàɪʤéstʃən/ 名 消化；消化力．(⇔ **in**digestion 名 胃痛；消化不良)
diges**tive** /dàɪʤéstɪv/ 形 消化の，消化力のある.
diges**tible** /dàɪʤéstəbl/ 形 消化しやすい；理解しやすい.
　(⇔ **in**digestible 形 消化しにくい；理解しにくい)

語根

④ **congested** /kəndʒéstɪd/ ＜con（一緒に）＋ gested（運ばれた）＞

形 混雑した；〖医学〗充血した：Mecca is always **congested** with pilgrims. メッカはいつも巡礼者で混雑している.
congest**ion** /kəndʒéstʃən/ 名 （交通の）混雑, 渋滞；〖医学〗充血.

⑤ **ingest** /ɪndʒést/ ＜in（中に）＋ gest（運ぶ）＞

動 （食物）を摂取する：You should refrain from **ingesting** too much salt. あまり多くの塩分を摂取することは控えるべきです.
ingest**ion** /ɪndʒéstʃən/ 名 食物摂取.

その他の同語源の語

⑥ **gest**iculate /dʒestíkjʊlèɪt/ 動 身ぶりで表す, 手まねで話す（←伝える）.
gesticula**tion** /dʒestìkjʊléɪʃən/ 名 身ぶり, 手まね.

⑦ **regis**ter* /rédʒɪstɚ/ 動 登録する；名 登録簿；レジスター（←運び戻す）.
registr**ation** /rèdʒɪstréɪʃən/ 名 登録；（車の）登録証.
register**ed** /rédʒɪstɚd/ 形 書留にした；登録した.
registr**ar** /rédʒɪstrɑ̀ɚ/ 名 登記係；（学校の）総務係.
registr**y** /rédʒɪstri/ 名 登記所, 登録所.

⑧ **exagger**ate* /ɪgzǽdʒərèɪt/ 動 誇張する, 大げさに言う（←積み上げる）.
exagger**ation** /ɪgzædʒəréɪʃən/ 名 大げさな言葉；誇張.
exagger**ated** /ɪgzǽdʒərèɪtɪd/ 形 誇張した, 大げさな.

⑨ **belli**gerent /bəlídʒ(ə)rənt/ 形 好戦的な；交戦中の；名 交戦国（←戦争を行う）.

it (行く) = go

① **ex**it （外へ行く）→出口
② trans**it** （別の場所へ行く）→輸送
③ **in**it**ial** （中に入る→始める）→頭文字
④ **in**it**iative** （中に入る→始める）→自発性
⑤ **in**it**iate** （中に入る）→始める

例文・派生語

① **exit*** /éɡzɪt/ ＜ ex (外へ) + it (行く) ＞

名 出口；退出，退場：I'll meet you at the train station **exit**. 駅の出口でお会いします.
— **動** 退場する；〔電算〕（プログラム）を終了する.

② **transit*** /trænsɪt/ ＜ trans (別の場所へ) + it (行く) ＞

名 輸送，運送；通過，通行：Any modern city must provide mass **transit** system for its citizens. 近代都市は市民に大量輸送システムを提供しなければならない.
transit**ion** /trænzíʃən/ **名** 移行，変化.
transit**ional** /trænzíʃ(ə)nəl/ **形** 移り変わる，過渡的な.
transit**ory** /trǽnsətɔːri/ **形** 一時的な，つかの間の.

③ **initial*** /ɪníʃəl/ ＜ in (中に) + it (行く) + ial (= al…の) ＞

名 頭文字：The **initials** "L.A." stand for "Los Angeles." L.A. という頭文字は Los Angeles を意味する. — **形** 初めの，最初の. — **動** …に頭文字で署名する.
initial**ly** /ɪníʃəli/ **副** 初めに，最初に；初めは.

④ **initiative*** /ɪníʃətɪv/ ＜ in (中に) + it (行く) + ative (…的な) ＞

名 自発性，率先力，独創力；主導権，イニシアチブ：I want you to show more **initiative**. あなたにはもっと自発性のあるところを見せてもらいたい.

> 語根

⑤ **initiate*** /ɪníʃièɪt/ ＜in（中に）＋it（行く）＋ate（…する）＞

動 始める，着手する；入会させる： The government **initiated** direct talks with rebel leaders. 政府は反乱軍の指導者との直接の話し合いを始めた．

—— **名** /ɪníʃiət/ 手ほどきを受けた人；新入会者．

initi**ation** /ɪnìʃiéɪʃən/ **名** 入会，加入；入会式；着手．

その他の同語源の語

⑥ v**is**it** /vízɪt/ **動** 会いに行く，訪問する（←見に行く）．

⑦ c**ircu**it* /sə́ːkɪt/ **名** 回路；巡回（←回って行く）．
circu**itous** /sə(ː)kjúːətəs/ **形** 回り道の；回りくどい，遠回しの．

⑧ amb**ition*** /æmbíʃən/ **名** 大望，野心，野望（←あちこち動き回ること；☞ ambi- の項）．
amb**itious** /æmbíʃəs/ **形** 大望を抱いている，野心的な．

⑨ amb**it** /æmbɪt/ **名** （勢力）範囲，領域（←動き回るところ；☞ ambi- の項）．

⑩ **it**inerary /aɪtínərèri/ **名** 旅行計画，旅程（←行くことに関するもの）．

⑪ sed**ition** /sɪdíʃən/ **名** 治安妨害，騒乱（←離れた道に進むこと）．
sed**itious** /sɪdíʃəs/ **形** 治安妨害の，反政府的な．

⑫ **iss**ue** /íʃuː/ **名** 問題；発行；[動] 発行する；(宣言)を出す（←外へ出る）．

⑬ per**ish** /périʃ/ **動** 死ぬ，滅びる（←完全に行ってしまう）．

⑭ **it**inerant /aɪtín(ə)rənt/ **形** 地方巡回の（←巡って行く）．
itinerancy /aɪtín(ə)rənsi/ **名** 巡回，遍歴．
itinerate /aɪtínərèɪt/ **動** 巡回する．

⑮ comm**ence** /kəméns/ **動** 開始する，始める；始まる（←完全に中に入る）．
comm**ence**ment /kəménsmənt/ **名** 卒業式；開始．

ju (法) = law

① **ju**st （法にかなった）→公正な；ちょうど
② **ju**stice （法にかなっていること）→公正
③ **ju**dge （法を語る人）→裁判官
④ **ju**ry （法に従って誓う人々）→陪審
⑤ pre**ju**dice （前もっての判断）→偏見
⑥ in**ju**ry （不法な状態→損害）→負傷

裁判官 (judge)

例文・派生語

① just** /dʒʌ́st/ ＜ just（法にかなった）＞

形 公正な，公平な；正当な：Mr. Hall was always **just** to his men. ホール氏は部下に対していつも公正であった。（⇔ un**just** 形 不公平な，不正な）
── 副 ちょうど；ちょうど今；ただ…だけ：It's **just** one o'clock. ちょうど1時です．
justly /dʒʌ́stli/ 副 当然のことながら…だ；正しく，公正に．
（⇔ un**just**ly 副 不公平に）
justify /dʒʌ́stəfaɪ/ 動 正当化する．**just**ification /dʒʌ̀stəfɪkéɪʃən/ 名 弁明，正当化．
justifiable /dʒʌ́stəfaɪəbl/ 形 正当と認められる．**just**ifiably /dʒʌ́stəfaɪəbli/ 副 正当に．

② justice** /dʒʌ́stɪs/ ＜ just（法にかなった）＋ ice（こと）＞

名 公正，公平，正義；裁判：Everyone has the right to **justice**. 誰にも公正に扱われる権利がある．（⇔ in**just**ice 名 不公平）

③ judge** /dʒʌ́dʒ/ ＜ ju（法）＋ dge（= dict 言う）＞

名 裁判官；審判員；鑑定家：The **judge** solemnly delivered the sentence. 裁判官は厳かに判決を言い渡した．── 動 判断する；裁く；審判する．
judgment,《英》**judge**ment /dʒʌ́dʒmənt/ 名 判断力；判断；意見；判決．

語根

④ **jury**＊ /dʒú(ə)ri/　＜ jur（法）＋ y（集団）＞

名 陪審, 陪審団：The **jury** decided on a verdict of guilty. 陪審は有罪の評決を下した.
juror /dʒú(ə)rɚ/ 名 陪審員《陪審の一員》；審査員.

⑤ **prejudice**＊ /prédʒʊdɪs/　＜ pre（前もって）＋ judice（＝ judge 判断）＞

名 偏見, 先入観：There is little **prejudice** against minorities here. ここでは少数民族に対する偏見はほとんどありません. ── 動（人）に偏見を持たせる

⑥ **injury**＊＊ /índʒ(ə)ri/　＜ in（…ない）＋ jur（正しい）＋ y（状態）＞

名 負傷, けが；損害；侮辱：Seat belts significantly prevent **injury** in a traffic accident. シートベルトは交通事故の際の負傷をかなり防いでくれる.
injure /índʒɚ/ 動 …にけがをさせる；傷つける.
injurious /ɪndʒú(ə)riəs/ 形 有害な.

その他の同語源の語

⑦ **ju**dicial＊ /dʒu:díʃəl/ 形 司法の, 裁判の.
⑧ **ju**dicious /dʒu:díʃəs/ 形 思慮分別のある, 賢明な（←判断力のある）.
⑨ **ju**dicature /dʒú:dɪkətʃɚ/ 名 裁判, 司法権；《英》裁判官.
⑩ **ju**risdiction /dʒʊ̀(ə)rɪsdíkʃən/ 名 司法権；管轄権（←法を述べること）.
⑪ **ju**risprudence /dʒʊ̀(ə)rɪsprú:dəns/ 名 法学, 法理学（←法律に精通すること）.
⑫ ad**ju**dge /ədʒʌ́dʒ/ 動 判決する, 判定する.
⑬ pre**ju**dge /prì:dʒʌ́dʒ/ 動 予断する, 速断する.
⑭ ad**ju**dicate /ədʒú:dɪkèɪt/ 動 裁決する, 裁定する.
⑮ con**ju**re /kʌ́ndʒɚ/ 動 手品で…を出現させる（←呪文で呼び出す←熱心に誓う）.
⑯ ab**ju**re /æbdʒʊ́ɚ/ 動（国籍・信仰）を捨てると誓う.
⑰ ad**ju**re /ədʒʊ́ɚ/ 動 厳命する, 懇願する（←…に誓わせる）.

late (運ぶ) = carry

① trans**late**　　（別の場所へ運ぶ）→訳す
② re**late**　　　（元へ運び戻す）→関係がある
③ super**lat**ive　（より上に運ばれた）→最上級の
④ e**late**d　　　（上へ運ばれた）→大喜びで

例文・派生語

① **translate*** /trænsléɪt/ ＜ trans（別の場所へ）＋ late（運ぶ）＞

動 訳す，翻訳する；解釈する：We cannot **translate** this poem into Japanese. この詩は日本語に訳せない．
translat**ion** /trænsléɪʃən/ **名** 翻訳；翻訳したもの．
translat**or** /trænsléɪtɚ/ **名** 訳者，翻訳家，通訳．
translat**able** /trænsléɪtəbl/ **形** 訳すことができる，翻訳可能な．

② **relate*** /rɪléɪt/ ＜ re（元へ）＋ late（運ぶ）＞

動 関係がある，関連する；関係させる：This news **relates** to my father's business. このニュースは父の仕事に関係がある．
relat**ion** /rɪléɪʃən/ **名** 関係，関連；相互関係；親類．
relat**ionship** /rɪléɪʃənʃɪp/ **名** 結びつき，関係；関連．
relat**ive** /rélətɪv/ **名** 肉親，身内，親類；**形** 比較的…な；相対的な．
relat**ively** /rélətɪvli/ **副** 比較的，かなり．
relat**ivity** /rèlətívəti/ **名**【物理】相対性理論；相対性．
relat**ed** /rɪléɪtɪd/ **形** 関係のある，関連した；親類の．（⇔ **un**related **形** 関係のない）

③ **superlative** /supɚ́lətɪv/ ＜ super（…より上に）＋ lat（運ぶ）＋ ive（…の）＞

形 最上級の；最も優れた：The writer often uses **superlative** adjectives. その作家は最上級の形容詞をよく使う．━ **名** 最上級．

語根

④ **elated** /ɪléɪtɪd/ ＜e (= ex 上へ) + lated (運ばれた)＞

形 大喜びで，大得意の：She is **elated** with the success. 彼女はその成功に大喜びである．

elat**ion** /ɪléɪʃən/ 名 意気揚々，大得意．

その他の同語源の語

⑤ coll**ate** /kəléɪt/ 動 (情報)を集めて整理する(←持ち寄る)．
⑥ dil**ate** /dáɪleɪt/ 動 (血管)を広げる，膨張させる(←離れたところへ運ぶ)．
dilat**ion** /daɪléɪʃən/ 名 膨張，拡張．
⑦ correl**ate** /kɔ́ːrəlèɪt/ 動 互いに関連を持つ；関連を持たせる(←共に運び戻す)．
correlat**ion** /kɔ̀ːrəléɪʃən/ 名 相関，相互関係．
correlat**ive** /kərélətɪv/ 形 相互関係のある，相関的な．
⑧ interrelat**ion** /ìntərɪléɪʃən/ 名 相互関係(←互いに運び戻すこと)．
interrelated /ìntərɪléɪtɪd/ 形 相互に関係した．
⑨ abl**ation** /æbléɪʃən/ 名 (手術による)切除；(浸食による)削摩(←運び去ること)．
⑩ obl**ation** /əbléɪʃən/ 名 奉納物，供物；奉納(←…の方へ運ぶこと)．
⑪ ill**ation** /ɪléɪʃən/ 名 推理，推論(←運び入れること)．

leg (法律) = law

① **leg**al　　　　（法律の）→合法的な
② **leg**islation　（法律にすること）→法律
③ **leg**itimate　（法律で定めた）→合法の
④ **leg**acy　　　（使節の職）→遺産
⑤ privi**leg**e　（個人にだけ当てはまる法律）→特権
⑥ al**leg**e　　　（正当化する）→主張する

例文・派生語

① **legal**** /líːg(ə)l/ ＜ leg (法律) + al (…の)＞

形 合法的な；法律で定められた；法律の：Does his claim have any **legal** basis? 彼の要求には何か合法的な根拠がありますか．(⇔ **il**legal 形 非合法な)
legal**ity** /lɪgǽləti/ 名 合法性, 適法．(⇔ **il**legality 名 違法；不法行為)
legal**ize** /líːgəlàɪz/ 動 合法化する．legal**ly** /líːgəli/ 副 法律的に．

② **legislation*** /lèdʒɪsléɪʃən/ ＜ leg (法律) + ation (…すること)＞

名 法律；法律制定：We need **legislation** to limit automobile exhaust. 車の排気ガスを規制する法律が必要だ．
legisl**ate** /lédʒɪslèɪt/ 動 法律を制定する．legisl**ative** /lédʒɪslèɪtɪv/ 形 立法の．
legisl**ator** /lédʒɪslèɪtɚ/ 名 法律制定者．legisl**ature** /lédʒɪslèɪtʃɚ/ 名 立法府．

③ **legitimate*** /lɪdʒítəmət/ ＜ leg (法律) + ate (…のある)＞

形 合法の，正当な；嫡出の：Our business operations are perfectly **legitimate**. 我々の事業活動は全く合法である．(⇔ **il**legitimate 形 嫡出でない；違法の)
legitim**ize** /lɪdʒítəmàɪz/ 動 合法的にする，正当化する；嫡出子とする．
legitim**acy** /lɪdʒítəməsi/ 名 合法性, 正当性．(⇔ **il**legitimacy 名 非嫡出；違法性)

④ **legacy*** /légəsi/ ＜ legate (法律, 派遣→使節) + cy (職)＞

名 遺産；遺物：Shakespeare's plays are a lasting **legacy** to all mankind. シェークスピアの劇は全人類に残された不変の遺産である．

⑤ **privilege*** /prív(ə)lɪʤ/ ＜ privi (= private 個人の) + lege (法律)＞

名 特権, 特典： The position brings with it great responsibilities as well as certain **privileges**. その地位にはいくつかの特権だけでなく重い責任を伴う.

⑥ **allege*** /əléʤ/ ＜ al (= ad …の方へ) + leg (法律)＞

動 主張する, 断言する： They **alleged** Mr. West guilty. 彼らはウェスト氏が有罪であると主張した.
alle**gation** /æ̀lɪɡéɪʃən/ 名 主張, 申し立て.
alleged /əléʤd/ 形 …とされている.
allegedly /əléʤɪdli/ 副 申し立てによると.

その他の同語源の語

⑦ **litig**ate /lítəɡèɪt/ 動 訴訟を起こす；〖法律〗法廷で争う(←言い争う).
litig**ation** /lìtəɡéɪʃən/ 名 〖法律〗訴訟, 起訴.

⑧ **law**** /lɔ́ː/ 名 法, 法律；法学；規則.
lawful /lɔ́ːf(ə)l/ 形 合法的な, 正当な.
lawless /lɔ́ːləs/ 形 法律のない；不法な.
lawyer /lɔ́ːjɚ/ 名 弁護士, 法律家.

⑨ **loy**al* /lɔ́ɪəl/ 形 忠誠な, 忠実な(←法律をよく守る).
　　(⇔ **dis**loyal 形 不忠実な, 不実な)
loyalty /lɔ́ɪəlti/ 名 忠誠, 忠実. **loyal**ist /lɔ́ɪəlɪst/ 名 現国王[政府]の支持者.

loc (場所) = place

① **loc**al　　（ある場所に関係する）→その土地の
② **loc**ate　　（ある場所に置く）→…の位置を捜し当てる
③ al**loc**ate　（…に場所を定める）→割り当てる
④ **loc**k　　　（場所に閉じ込める）→鍵をかける
⑤ dis**loc**ate （位置を変える）→脱臼する

例文・派生語

① local* /lóʊk(ə)l/ ＜loc (場所) + al (…に関する)＞

形 その土地の, 地元の; 各駅停車の; 局部的な: This program is based on a thorough analysis of **local** needs. この計画はその土地のニーズを徹底的に分析した結果に基づいている. ── 名 その土地の人.

★local は日本語の「ローカル」と違い,「田舎の」(rural) という意味は含まない.

localize /lóʊkəlàɪz/ 動 （災害）を一地方におさえる,（痛み）をある局部にとどめる.
locality /loʊkǽləti/ 名 位置, 場所; 地域.
localism /lóʊkəlìzm/ 名 地方主義; 地方なまり.

② locate* /lóʊkeɪt/ ＜loc (場所) + ate (…にする)＞

動 …の位置を捜し当てる, 場所を定める; 設置する: The rescue teams have **located** the sunken ship. 救助隊は沈没船の位置を捜し当てた.
located /lóʊkeɪtɪd/ 形 （…に）ある, 位置する.
location /loʊkéɪʃən/ 名 所在地, 位置.

③ allocate* /ǽləkèɪt/ ＜al (= ad…に) + loc (場所) + ate (…にする)＞

動 割り当てる: The teacher **allocated** a task to each student. 先生はそれぞれの生徒に仕事を割り当てた.
al**loc**ation /ǽləkéɪʃən/ 名 割り当て, 充当; 分け前.

語根

④ **lock*** /lák/

動 鍵をかける，閉じ込める；錠がかかる： **Lock** the door when you leave. 出かける時にはドアに鍵をかけなさい．(⇔ **un**lock **動** …の錠［鍵］を開ける)
— **名** 錠，鍵．
lock**er** /lákɚ/ **名** ロッカー(←鍵をかける物)．
lock**out** /lákàʊt/ **名** 工場閉鎖，ロックアウト，締め出し．

⑤ **dislocate** /dísloʊkèɪt/ ＜ dis (離して) + loc (場所) + ate (…にする)＞

動 脱臼する；(計画)を狂わせる： He **dislocated** his shoulder playing football. 彼はフットボールをやっていて肩を脱臼した．
disloc**ation** /dìsloʊkéɪʃən/ **名** 脱臼；混乱．

その他の同語源の語

⑥ **loc**omotive* /lòʊkəmóʊtɪv/ **名** 機関車(←場所を移動するもの)．
locomot**ion** /lòʊkəmóʊʃən/ **名** 運動，移動．
⑦ re**loc**ate /rìːlóʊkeɪt/ **動** 移転する，移る；移す(←再配置する)．
re**loc**at**ion** /rìːlóʊkeɪʃən/ **名** 移転，移住，異動．
⑧ **loc**us /lóʊkəs/ **名** 場所，位置(←物が置かれた場所)．
⑨ col**loc**at**ion** /kàləkéɪʃən/ **名**〖言語〗コロケーション，連語(←一緒に並べること)．
col**loc**ate /káləkèɪt/ **動**〖言語〗(ある語が他の語と)結びつく，連語をなす．
⑩ al**low**** /əláʊ/ **動** 許す；与える；割り当てる(←…に場所を定める)．
al**low**ance /əláʊəns/ **名** 手当，給与；小遣い．
al**low**able /əláʊəbl/ **形** 許される．
⑪ **lieu** /lúː/ **名** 場所，代わり．
⑫ **lieu**tenant* /luːténənt/ **名** 海軍大尉；上官代理；警部補(←…の代わりになる人)．

69

log (話す) = speak

1. apo**log**y　（…の弁解をすること）→わび
2. cata**log**ue　（完全に話す）→カタログ
3. dia**log**ue　（2人の間で話すこと）→対話
4. **log**ic　（議論の進め方）→論理
5. pro**log**ue　（前に話す言葉）→序幕

dialogue

例文・派生語

① **apology*** /əpάlədʒi/　＜ apo（…から離れて）＋ log（話す）＋ y（こと）＞

名 わび，謝罪；言いわけ：She offered me an **apology** for being late. 彼女は私に遅くなったわびを言った．
apolog**etic** /əpὰlədʒétɪk/ **形** 謝罪の．apolog**ize** /əpάlədʒὰɪz/ **動** 謝る，わびる．

② **catalogue, catalog*** /kǽtəlɔ̀g/　＜ cata（完全に）＋ log（話す）＞

名 カタログ，目録：Please send me a copy of the latest **catalogue** of your products. 貴社の製品の最新カタログを1部お送りください．

③ **dialogue, dialog*** /dάɪəlɔ̀ːg/　＜ dia（間で）＋ log（話す）＞

名 対話，意見交換：The mayor tried to maintain a **dialogue** with the citizens. 市長は市民との対話を保とうと努めた．

④ **logic*** /lάdʒɪk/　＜ log（話す→議論）＋ ic（…に関する）＞

名 論理；論理学；筋道：Chess is a game of strategy and **logic**. チェスは戦略と論理のいるゲームだ．
log**ical** /lάdʒɪk(ə)l/ **形** 論理的な，筋の通った．

⑤ **prologue, prolog** /próʊlɔ̀ːg/　＜ pro（前に）＋ log（話す）＞

名 序幕，序詞，プロローグ；前ぶれ：The play begins with a brief **prologue**. その劇は短い序幕から始まる．

語根

その他の同語源の語

⑥ tri**log**y* /tríləʤi/ 名 3部作《劇・小説・オペラなどの》(←3つの談話).
⑦ **log**o* /lóʊgoʊ/ 名 ロゴ, (社名の)デザイン文字.
⑧ mono**log**ue, mono**log** /mánəlɔ̀ːg/ 名 独白(←1人でしゃべること；☞ mono- の項).
⑨ e**loq**uent /éləkwənt/ 形 雄弁な；表現力のある(←言葉がよく出てくる). e**loq**uence /éləkwəns/ 名 雄弁.
⑩ antho**log**y /ænθáləʤi/ 名 詩選集, 作品集(←花についての談話).
⑪ circum**loc**ution /sɚ̀ːkəmloʊkjúːʃən/ 名 回りくどさ, 遠回し；回りくどい言い方.
⑫ col**loq**uial /kəlóʊkwiəl/ 形 口語の, 日常会話の(←対話の←共に話す).
⑬ Deca**log**ue /dékəlɔ̀ːg/ 名 モーセの十戒.
⑭ e**loc**ution /èləkjúːʃən/ 名 発声法；演説法, 朗読法.
⑮ epi**log**ue, epi**log** /épəlɔ̀ːg/ 名 結びの言葉, エピローグ(←…の後に話す言葉).
⑯ eu**log**y /júːləʤi/ 名 称賛の言葉, 賛辞.
⑰ inter**loc**utor /ìntɚlákjʊtɚ/ 名 対話者, 対談者(←相互に話す人).
⑱ **loc**ution /loʊkjúːʃən/ 名 話ぶり, 言い方；言いまわし.
⑲ **loq**uacious /loʊkwéɪʃəs/ 形 多弁な, おしゃべりな.
⑳ neo**log**ism /niáləʤìzm/ 名 新語；新語義(☞ nov の項).
㉑ phi**log**y /filáləʤi/ 名 文献学；言語学(←言葉を愛すること).
㉒ soli**loq**uy /səlíləkwi/ 名《演劇》独白.
㉓ pro**loc**utor /proʊlákjʊtɚ/ 名 代弁者(←代わりに話す人).

merc (取り引き) = trade

① **merc**hant （取り引きする人）→商人
② com**merc**e （共に取り引きすること）→商業
③ **merc**y （報酬→神から与えられるもの）→慈悲
④ **merc**handise （取り引きするもの）→商品
⑤ **mer**it （報酬）→長所

例文・派生語

① merchant* /mɚ́ːtʃənt/ ＜ merc (取り引き) + ant (人) ＞

名 商人；小売商人：He was a famous wine **merchant**. 彼は有名なワイン商人だった．

② commerce* /kámɚ(ː)s/ ＜ com (共に) + merce (取り引き) ＞

名 商業，通商，貿易：Seville is the center of Spanish **commerce**. セビリアはスペインの商業の中心地である．
commerc**ial** /kəmɚ́ːʃəl/ 形 商業の，貿易の；営利的な；名 コマーシャル，CM．
commercial**ize** /kəmɚ́ːʃəlàɪz/ 動 商業化する，営利目的にする．

③ mercy* /mɚ́ːsi/

名 慈悲，情け；幸運，恵み：She begged for the judge's **mercy**. 彼女は裁判官の慈悲を求めた．
merci**ful** /mɚ́ːsɪf(ə)l/ 形 慈悲深い，情け深い；幸運な．
（⇔ merci**less** 形 無慈悲な）
merciful**ly** /mɚ́ːsɪfəli/ 副 幸運なことに；慈悲深く．

④ merchandise* /mɚ́ːtʃəndàɪz/ ＜ merchand (商人) + ise (= ice もの) ＞

名 商品：This shop sells **merchandise** from all over the world. この店は世界中の商品を扱っている．── 動 商う，取り引きをする．
merchandi**sing** /mɚ́ːtʃəndàɪzɪŋ/ 名 キャラクターグッズ［商品］．

（語根）

⑤ **merit**＊ /mérɪt/

名 長所, とりえ：Each of these views has its **merits**. これらの見解にはそれぞれ長所がある.（⇔ de**merit** **名** 欠点, 落ち度；〖教育〗罰点）

★日本語の「(利益・不利益の観点からみた) メリットとデメリット」にあたるのは advantages and disadvantages であることが多い.

merit**orious** /mèrətɔ́ːriəs/ **形** 価値のある, 称賛に値する.

その他の同語源の語

⑥ **merc**ury /mə́ːkjʊri/ **名** 水銀；[M-] 水星；〖ローマ神話〗マーキュリー《商業などの守護神》.
⑦ **merc**antile /mə́ːkəntìːl/ **形** 商業の, 貿易の.
⑧ **merc**enary /mə́ːsənèri/ **名** 雇い兵；**形** 金目当ての（←報酬の）.
⑨ **mer**itocracy /mèrətákrəsi/ **名** エリート支配（の国）；支配層（←報酬を受ける階級）.
⑩ **merc**er /mə́ːsɚ/ **名** 《英》呉服商（←商人）.
⑪ **mark**et＊＊ /máːkɪt/ **名** 市場（いちば）；**動** 市場で売る（←取り引きする場所）.
 market**ing** /máːkɪtɪŋ/ **名** マーケティング, 市場戦略.
 market**able** /máːkɪtəbl/ **形** 市場向きの, 売れ口のよい.
 market**ability** /màːkɪtəbíləti/ **名** 市場性, 売り物になること.
 market**place** /máːkɪtplèɪs/ **名** 市（いち）の開かれる広場［建物］.

mode (型)

① **mod**el　　　（小さな型）→模型
② **mod**ern　　（基準となる時の）→現代の
③ **mod**erate　（型に合った）→適度の
④ **mod**est　　（基準を守っている）→謙遜した
⑤ **mod**ify　　（型に合わせる）→修正する
⑥ accom**mod**ate　（…に型を合わせる）→収容する

例文・派生語

① model** /mádl/　＜ mode (型) + el (小さな)＞

名 模型；型；模範：Outside the museum stands a huge, life-size **model** of a dinosaur. その博物館の外に実物大の巨大な恐竜の模型が立っている.
── **形** 模型の；模範の. ── **動** (ファッション)モデルになる.

② modern** /mádən/　＜ mode (型)の奪格＞

形 現代の，近代の；現代的な，モダンな：The park offers a comforting relief from the stress of **modern** life. その公園は現代生活のストレスからの息抜きを与えてくれる.
modern**ize** /mádənàɪz/ **動** 近代化する，現代化する.
modern**ity** /mɑdə́ːnəti/ **名** 現代性.

③ moderate* /mádərət/　＜ mode (型) + ate (…にする)＞

形 適度の；わずかな；穏健な：**Moderate** exercise helps to keep good health. 適度の運動は健康を保つ助けとなる．(⇔ **im**moderate **形** 節制のない；過度の)
── **動** /mádərèɪt/ 和らげる；和らぐ. moderate**ly** /mádərətli/ **副** 適度に.

④ modest* /mádɪst/

形 謙遜した，控え目な；あまり大きくない；しとやかな：He is always **modest** about his achievements. 彼は自分の業績についていつも謙遜している.
　　(⇔ **im**modest **形** 厚かましい，うぬぼれた)

modesty /mάdɪsti/ 名 謙遜, 謙虚.

⑤ **modify*** /mάdəfàɪ/ ＜ mod (型) ＋ ify (…にする)＞

動 修正する, 変更する；緩和する；〚文法〛修飾する: The law needs to be **modified**. その法律は修正する必要がある.
modi**fication** /mὰdəfɪkéɪʃən/ 名 変更, 修正.
modi**fier** /mάdəfàɪɚ/ 名 〚文法〛修飾語句.

⑥ **accommodate*** /əkάmədèɪt/ ＜ ac (＝ad…に) ＋ com (共に) ＋ mode (型) ＋ ate (…にする)＞

動 収容する, 宿泊させる；(意見)を受け入れる, …に応じる: The hotel can **accommodate** 500 guests. そのホテルは 500 人の客を収容することができる.
accommoda**tion** /əkὰmədéɪʃən/ 名 宿泊施設, 職場；(乗客の)座席.

その他の同語源の語

⑦ **mode*** /móʊd/ 名 方法, 様式, やり方；モード；(服装の)流行(←型).
⑧ **mod**ule /mάdʒuːl/ 名 (コンピューター・宇宙船の)構成部分, モジュール (←尺度).
⑨ **mod**ulate /mάdʒulèɪt/ 動 調節する, 調整する；〚無線〛変調する (←型に合わせる).
⑩ com**mod**ity /kəmάdəti/ 名 必需品, 日用品 (←便利←型に合った状態).
⑪ com**mod**ious /kəmóʊdiəs/ 形 (家・部屋が)広い (←便利な←型に合った).
⑫ com**mode** /kəmóʊd/ 名 室内便器；整理ダンス (←便利なもの←型に合ったもの).
⑬ **mod**al /móʊdl/ 形 〚文法〛法を表わす；名 〚文法〛法助動詞 (←様式の).
⑭ **mod**ish /móʊdɪʃ/ 形 流行を追う, 当世風の (←型に合わせたような).
⑮ re**mod**el /rìːmάdl/ 動 …の型を直す, (家)を改造する.
⑯ **mol**d, 《英》**mould*** /móʊld/ 名 鋳型, 型；動 型に入れて作る；形成する.
⑰ **mo**od /múːd/ 名 〚文法〛法 (←様式).

mon（警告する）= warn

① **mon**itor　　　（警告するもの）→モニター
② **mon**ster　　　（警告するもの，前兆）→怪物
③ de**mon**strate　（完全に示す）→証明する
④ sum**mon**　　　（こっそり警告する）→呼び出す
⑤ **mon**ument　　（思い出させるもの）→記念碑

例文・派生語

① monitor* /mάnətɚ/ ＜ moni（警告する）＋ or（もの，人）＞

名 モニター；監視装置；監視員；（クラスの）委員：The **monitor** told her that the baby's heart was beating normally. モニターは胎児の心臓が正常に鼓動していることを彼女に伝えた．
— 動 監視する，チェックする；傍受する．

② monster* /mάnstɚ/ ＜ mon（警告する）＋ er（もの）＞

名 怪物，化け物；極悪非道な人；巨大なもの：The witch changed him into a **monster**. その魔女は彼を怪物に変身させた．
monst**rous** /mάnstrəs/ 形 極悪非道の，とんでもない；巨大な，怪物のような．
monstros**ity** /mɑnstrάsəti/ 名 巨大な物，怪物；醜悪なもの．

③ demonstrate* /démənstrèɪt/ ＜ de（完全に）＋ monstr（警告する，示す）＋ ate（…する）＞

動 証明する；（実物で）説明する，実演してみせる；デモをする：She has fully **demonstrated** her ability to do the work. 彼女はその仕事をする能力があることを十分に証明した．
demonstrat**ion** /dèmənstréɪʃən/ 名 デモ；実演；実物宣伝；証明．
demonstrat**ive** /dɪmάnstrətɪv/ 形 感情をあらわに示す；証明する．
demonstrat**or** /démənstrèɪtɚ/ 名 デモ参加者；実演者；実物見本．

④ **summon*** /sʌ́mən/　＜ sum（＝ sub 下から）＋ mon（警告する）＞

動 呼び出す；出頭を命じる；召集する： He was **summoned** before the court. 彼は法廷に呼び出された.
summons /sʌ́mənz/ 名 召喚，召集；出頭命令.

⑤ **monument*** /mɑ́njʊmənt/　＜ monu（思い出させる）＋ ment（もの）＞

名 記念碑；遺跡： The **monument** was built in memory of all the soldiers who died in the war. その記念碑はその戦争で亡くなったすべての兵士を記念して建立された.
monumental /mɑ̀njʊméntl/ 形 記念碑的な；不朽の；巨大な；記念の.
monumentally /mɑ̀njʊméntəli/ 副 途方もなく，ひどく.

その他の同語源の語

⑥ **premonition** /prìːmənɪ́ʃən/ 名 （悪い）予感，虫の知らせ（←事前の警告）.
　premonitory /prɪmɑ́nətɔ̀ːri/ 形 予告の，警告の；前兆の.
⑦ **admonish** /ədmɑ́nɪʃ/ 動 （厳しく）戒める，諭す，…に注意する.
　admonition /æ̀dmənɪ́ʃən/ 名 諭すこと，訓戒，注意.
⑧ **remonstrate** /rɪmɑ́nstreɪt/ 動 忠告する；抗議する（←反対を示す）.
　remonstrance /rɪmɑ́nstrəns/ 名 抗議；忠告.
　remonstrative /rɪmɑ́nstrətɪv/ 形 抗議の；批判的な.
⑨ **monition** /moʊnɪ́ʃən/ 名 勧告，警告；〖法律〗（裁判所の）呼び出し.
⑩ **muster** /mʌ́stɚ/ 動 召集する；（勇気を）奮い起こす；名 召集（←警告）.

nat (生まれた) = born

① **nat**ion （地元生まれの人たち→民族）→国民
② **nat**ure （生まれながらの性質→本質）→自然
③ **nat**ive （生まれた）→生まれ故郷の
④ **na**ive （生まれたままの）→単純な
⑤ preg**na**nt （生まれる前の）→妊娠した

pregnant

例文・派生語

① **nation**** /néɪʃən/ ＜nat (生まれた) + ion (もの)＞

名 国民；国家：The whole **nation** was glad to hear the news. 全国民はその知らせを聞いて喜んだ．

national /nǽʃ(ə)nəl/ **形** 国家の；国内的な；国立の．
nationality /næ̀ʃənǽləti/ **名** 国籍．
nationalize /nǽʃ(ə)nəlàɪz/ **動** 国有にする．（⇔ **de**nationalize **動** 民営化する）
nationalism /nǽʃ(ə)nəlìzm/ **名** 民族主義．nationalist /nǽʃ(ə)nəlɪst/ **名** 民族主義者．
nationalistic /næ̀ʃ(ə)nəlístɪk/ **形** 国家主義的な．
nationally /nǽʃ(ə)nəli/ **副** 全国的に．
nationwide /néɪʃənwáɪd/ **形** 全国的な；**副** 全国的に．
international /ìntərnǽʃ(ə)nəl/ **形** 国際的な．

② **nature**** /néɪtʃɚ/ ＜nat (生まれた) + ure (もの)＞

名 自然；性質：Return to **nature**! 自然に帰れ．

natural /nǽtʃ(ə)rəl/ **形** 自然の；当然の；生まれつきの．
（⇔ **un**natural **形** 不自然な）
naturally /nǽtʃ(ə)rəli/ **副** 当然；自然に；生来．
naturalize /nǽtʃ(ə)rəlàɪz/ **動** （人）を帰化させる；（動植物）を他の風土に慣らす．
naturalism /nǽtʃ(ə)rəlìzm/ **名** 自然主義．
naturalist /nǽtʃ(ə)rəlɪst/ **名** 博物学者；自然主義者．

supernatural /sùːpənǽtʃ(ə)rəl/ 形 超自然の，不可思議な．

③ **native*** /néɪtɪv/ ＜ nat（生まれた）＋ ive（…の）＞

形 生まれ故郷の；土着の；生まれつきの：He wanted to go back among his **native** mountains. 彼は生まれ故郷の山に帰りたかった．── 名 その土地で生まれた人．

④ **naive*** /nɑːíːv/ ＜ na（生まれた）＋ ive（…の性質の）＞

形 単純な，世間知らずの；無邪気な，純真な：He entertains the **naive** belief that it can be solved by money. それはお金で解決できるという単純な考えを彼は抱いている．
nai**ve**té /nàːiːvtéɪ/ 名 単純さ，世間知らず；純真．

★日本語の「ナイーブ」は主によい意味で使われるが，英語の naive は悪い意味で使うのが普通である．

⑤ **pregnant*** /prégnənt/ ＜ pre（前の）＋ na（生まれる）＋ ant（…の）＞

形 妊娠した：My wife is eight months **pregnant**. 妻は妊娠 8 か月です．
preg**nan**cy /prégnənsi/ 名 妊娠．

その他の同語源の 語

⑥ Re**naissance*** /rènəsάːns/ 名 ルネサンス，文芸復興（←再び生まれること）．
⑦ re**nas**cent /rənǽɪsənt/ 形 復活しつつある，再生しつつある（←再び生まれる）．
⑧ **nat**al /néɪtl/ 形 出生の，出産の．
⑨ pre**nat**al /prìːnéɪtl/ 形〖医学〗出生前の，胎児期の．
⑩ in**nate** /ɪnéɪt/ 形 生来の，生まれつきの．
⑪ **na**scent /nǽs(ə)nt/ 形 発生しかけている，生まれつつある；初期の．

no (知る) = know

①	**kn**ow	知っている
②	**no**te	(注意を引くための印) →覚え書き
③	**no**tice	(知らされること) →掲示
④	ig**no**re	(知らない) →無視する
⑤	**no**tion	(わかったこと) →考え
⑥	**no**torious	(よく知られた) →悪名高い
⑦	diag**no**sis	(完全に知ること) →診断

例文・派生語

① know** /nóʊ/

動 知っている, わかっている；知る, 認める：She is one of the finest ladies I **know**. 彼女は私の知っているもっともすばらしい女性の1人です。
know**ledge** /nɑ́lɪdʒ/ 名 知識, 知っていること.
knowledge**able** /nɑ́lɪdʒəbl/ 形 物知りの.

② note** /nóʊt/ ＜ note (知らされる→印) ＞

名 短い手紙；覚え書き, メモ；注；紙幣；(楽器の) 音；音符：**Notes** have been exchanged between the two parties. 両当事者の間で覚え書きが交換された.
── 動 …に注意する. not**ed** /nóʊtɪd/ 形 有名な, 著名な.
note**worthy** /nóʊtwɚːði/ 形 注目すべき；目立った.
not**able** /nóʊtəbl/ 形 注目に値する, 目立つ.
not**ably** /nóʊtəbli/ 副 特に, とりわけ.

③ notice** /nóʊtɪs/ ＜ not (知らされる) + ice (こと) ＞

名 掲示, お知らせ；通知；注意；予告：We put up a **notice** about the concert in the lounge. 私たちはラウンジにコンサートの掲示を出した.
── 動 …に気がつく；…に注意する.
notice**able** /nóʊtɪsəbl/ 形 目立った, 顕著な.

> 語根

④ **ignore**** /ɪgnɔ́ɚ/ ＜i（＝in…ない）＋gnore（知る）＞

動 無視する：I cannot **ignore** his insulting remarks. 私は彼の侮辱的な言葉を無視することはできない.
　ignor**ance** /ígnərəns/ 名 無知；知らないこと.
　ignor**ant** /ígnərənt/ 形 無知な, 無学の.

⑤ **notion*** /nóʊʃən/ ＜not（知らされる）＋ion（もの）＞

名 考え, 意見；思いつき：That is a strange **notion**. それは妙な考えだ.
　notion**al** /nóʊʃ(ə)nəl/ 形 観念的な, 抽象的な；想像上の.

⑥ **notorious*** /noʊtɔ́ːriəs/ ＜not（知らされる）＋orious（…のような）＞

形 悪名高い, （悪いことで）有名な：He was a **notorious** bank robber. 彼は悪名高い銀行強盗だった.
　notori**ety** /nòʊtəráɪəti/ 名 悪い評判, 悪評.

⑦ **diagnosis*** /dàɪəgnóʊsɪs/ ＜dia（完全に）＋gno（知る）＋sis（こと）＞

名 〖医学〗診断；診断書：Early **diagnosis** is essential. 初期の診断がきわめて重要だ.
　diagn**ose** /dàɪəgnóʊs/ 動 診断する.
　diagno**stic** /dàɪəgnástɪk/ 形 診断の, 診断に用いる.

その他の同語源の語

⑧ **not**ify /nóʊtəfàɪ/ 動 通知する, 届け出る（←知らせる）.
　notifi**cation** /nòʊtəfɪkéɪʃən/ 名 通知, 告示；通知書.

⑨ de**note** /dɪnóʊt/ 動 表示する, 示す；意味する（←完全に示す）.
　deno**tation** /dìːnoʊtéɪʃən/ 名 （語の明示的な）意味.

⑩ con**note** /kənóʊt/ 動 表示する, 示す；意味する（←一緒に示す）.
　conno**tation** /kànətéɪʃən/ 名 （語の）言外の意味, 含蓄（がんちく）.

⑪ an**not**ate /ǽnəteɪt/ 動 注釈をつける（←…に注意する）.
　anno**tation** /ænətéɪʃən/ 名 注釈, 注解.

norm (標準)

① **norm** 標準
② **norm**al 標準の
③ e**norm**ous (標準から外れた) →巨大な

例文・派生語

① **norm*** /nɔ́ɚm/ ＜(norm 大工の物差し→標準)＞

名 標準；ノルマ：The five-day workweek has become the **norm** in the twentieth century. 週5日制が標準になったのは20世紀になってである.

② **norm**al** /nɔ́ɚm(ə)l/ ＜ norm (標準) + al (…の)＞

形 標準の，通常の；正常な：Eight hours is the **normal** length for a working day. 8時間が1日の標準の労働時間である. ── **名** 正常；標準.
normalize /nɔ́ɚməlàɪz/ **動** 正常化する. **norm**alcy /nɔ́ɚm(ə)lsi/ **名** 正常.
normality /nɔɚmǽləti/ **名** 正常，常態. **norm**ally /nɔ́ɚməli/ **副** 正常に；普通は.

③ e**norm**ous* /ɪnɔ́ɚməs/ ＜ e (= ex 外に) + norm (標準) + ous (…の)＞

形 巨大な，莫大な：There's an **enormous** cherry tree at the edge of the garden. 庭の隅に巨大な桜の木がある.
e**norm**ously /ɪnɔ́ɚməsli/ **副** 莫大に；非常に.

その他の同語源の語

④ ab**norm**al /æbnɔ́ɚm(ə)l/ **形** 異常な；変則の(←標準から離れた).
⑤ e**norm**ity /ɪnɔ́ɚməti/ **名** 極悪非道；深刻さ(←標準から外れていること).
⑥ sub**norm**al /sʌ̀bnɔ́ɚm(ə)l/ **形** (気温が)通常以下の；知能の劣る.
⑦ super**norm**al /sùːpɚnɔ́ɚm(ə)l/ **形** 通常でない，平均を超えた.

語根

nounce（報じる）= report

① an**nounce** （…に報じる）→発表する
② pro**nounce** （前に報じる）→発音する
③ de**nounce** （はっきりと報じる）→非難する

例文・派生語

① announce** /ənáuns/ ＜ an (= ad…に) + nounce (報じる)＞

動 発表する，知らせる；…のアナウンスをする：The government **announced** when the President would visit Japan. 政府は大統領の訪日がいつになるのか発表した.
announce**ment** /ənáunsmənt/ 名 発表，通知.
announc**er** /ənáunsɚ/ 名 アナウンサー.

② pronounce* /prənáuns/ ＜ pro (前に) + nounce (報じる)＞

動 発音する；…であると宣言する：How do you **pronounce** "karaoke" as an English word?「カラオケ」は英語の単語としてはどのように発音しますか.
pronunc**iation** /prənʌ̀nsiéɪʃən/ 名 発音.
pronounce**ment** /prənáunsmənt/ 名 宣言，発表.
mispronounce /mìsprənáuns/ 動 誤って発音する.

③ denounce* /dɪnáuns/ ＜ de (はっきりと) + nounce (報じる)＞

動 非難する；告発する：I dislike the scheme but I don't want to **denounce** it openly. その計画は気に入らないが，あからさまに非難する気にはなれない.

その他の同語源の 語

④ re**nounce** /rɪnáuns/ 動 放棄する；否認する；見捨てる.（←反対して報じる）
⑤ e**nunc**iate /ɪnʌ́nsièɪt/ 動 (語)をはっきりと発音する；(理論)を発表する.
⑥ an**nunc**iation /ənʌ̀nsiéɪʃən/ 名〖キリスト教〗お告げ，受胎告知.

nov (新しい) = new

① **nov**el　目新しい
② **nov**el　(新しいもの) →小説
③ in**nov**ate　(…に新しいものを入れる) →刷新する
④ **nov**ice　(新しく入った人) →初心者

例文・派生語

① novel* /nάv(ə)l/

形　目新しい，斬新な：The fisherman came up with a **novel** way of catching fish. その漁師は魚を取る目新しい方法を考え出した.
novel**ty** /nάv(ə)lti/ 名　目新しいこと，新奇.

② novel* /nάv(ə)l/　＜ nov (新しい) ＋ el (もの) ＞

名　小説：I stayed at home and quietly amused myself with a **novel**. 私は家にいて静かに小説を読んで楽しんだ.

★ novel は主に長編小説で，短編小説は short story, 小説全体は fiction という.

novel**ist** /nάvəlɪst/ 名　小説家.
novel**ette** /nὰvəlét/ 名　短 [中] 編小説，恋愛小説 (←小さな新しい話).

③ innovate /ínəvèɪt/　＜ in (中に) ＋ nov (新しい) ＋ ate (…にする) ＞

動　刷新する；新しいものを取り入れる：The firm has grown by **innovating** its product designs. その会社は製品のデザインを刷新することで成長してきた.
innovat**ion** /ìnəvéɪʃən/ 名　新機軸，新方式；刷新，革新.
innovat**ive** /ínəvèɪtɪv/ 形　革新的な，新機軸の. innovat**or** /ínəvèɪtər/ 名　革新者.

④ novice* /nάvɪs/　＜ nov (新しい) ＋ ice (こと，人) ＞

名　初心者，初学者；見習い僧：This computer course is ideal for **novices**. このコンピューター講座は初心者に最適です.
novi**tiate**,《英》novi**ciate** /noʊvíʃiət/ 名　(僧の) 見習い期間.

語根

その他の同語源の語

⑤ **renov**ate /rénəvèɪt/ 動 修理する，修復する（←再び新しくする）.
renova**tion** /rènəvéɪʃən/ 名 修繕，修理，修復.
⑥ **nov**a /nóʊvə/ 名〖天文〗新星.
⑦ **new**** /n(j)úː/ 形 新しい；新型の；新たな；新任の；まだ慣れていない.
newly /n(j)úːli/ 副 近ごろ，最近；新しく.
newborn /n(j)úːbɔ̀ərn/ 形 生まれたての；名 新生児.
newcomer /n(j)úːkʌ̀mər/ 名 新来者，新参者，新入生，新入社員.
⑧ **new**s** /n(j)úːz/ 名 ニュース，報道；便り；変わったこと（←新情報）.
newspaper /n(j)úːzpèɪpər/ 名 新聞.
newscaster /n(j)úːzkæ̀stər/ 名 ニュースキャスター.
⑨ re**new*** /rɪn(j)úː/ 動 更新する；再び始める；新しくする.
re**new**al /rɪn(j)úːəl/ 名 刷新；更新；再生.
re**new**able /rɪn(j)úːəbl/ 形 更新できる；再生できる.
⑩ **neo**classical /nìːoʊklǽsɪk(ə)l/ 形〖芸術〗新古典主義の.
⑪ **Neo**lithic /nìːoʊlíθɪk/ 形〖考古〗新石器時代の.
⑫ **neo**logism /niálədʒìzm/ 名 新語；新語義（☞ log の項）.
⑬ **neo**nate /níːənèɪt/ 名〖医学〗（生後1か月以内の）新生児.

ord (順序) = order

① **ord**er　　順；命じる
② **ord**inary　（順序どおりの）→普通の
③ sub**ord**inate　（下位に置かれた）→下位の
④ co**ord**inate　（対等にする）→調整する
⑤ dis**ord**er　（秩序のない状態）→混乱

例文・派生語

① order** /ɔ́ɚdɚ/

名 順，順序；注文；命令，指図；整頓（せいとん）；規律，秩序：All the names are listed in alphabetical **order**. 名前は全部アルファベット順に載っている．
— **動** 命じる，指示する；注文する：He was **ordered** to appear in court. 彼は出廷を命じられた．
orderly /ɔ́ɚdɚli/ **形** 整頓された；整然とした．（⇔ **dis**orderly）
ordinal /ɔ́ɚdənl/ **形** 順序の；**名** 序数（ordinal number）．

② ordinary** /ɔ́ɚdənèri/ ＜ ord (順序) + ary (…に関する) ＞

形 普通の，通常の；平凡な：We can hardly see the life of the **ordinary** people on organized tours. 団体旅行では普通の人々の生活ぶりはあまり見られない．
　（⇔ **extra**ordinary /ɪkstrɔ́ɚdənèri/ **副** 並はずれた，異常な；特別の）
ordinarily /ɔ̀ɚdənérəli/ **副** 普通は，通常；普通に．

③ subordinate* /səbɔ́ɚdənət/ ＜ sub (下に) + ord (順序) + ate (…化した) ＞

形 下位の，従属した；《文法》従属の，従位の：In a hospital the nurses are usually **subordinate** to the doctors. 病院では看護師は普通医師の下位にある．
— **名** 部下．
— **動** /səbɔ́ɚdənèɪt/ …を下位に置く，従属させる．
subordination /səbɔ̀ɚdənéɪʃən/ **名** 下位に置くこと，従属．

④ **coordinate** /kouɔ́ɚdənèɪt/ ＜ co（共に）＋ ord（順序）＋ ate（…にする）＞
動 調整する，調和させる，協力させる：Government departments ought to **coordinate** their policies on environmental problems. 政府の各省は環境問題の政策を調整しなければならない．
── **形** /kouɔ́ɚdənət/ 同等の；《文法》等位の． ── **名** コーディネート．
coordinat**ion** /kouɔ̀ɚdənéɪʃən/ **名** 調整，協力；（運動器官の）連動．
coordinat**or** /kouɔ́ɚdənèɪtɚ/ **名** 調整役，まとめ役，コーディネーター．

⑤ **disorder** /dìsɔ́ɚdɚ/ ＜ dis（…ない）＋ order（秩序）＞
名 混乱；不調，障害，病気；騒動，暴動：Because of the war, the country was in a state of extreme **disorder**. 戦争でその国は目も当てられない混乱状態だった．
disorder**ly** /dìsɔ́ɚdɚli/ **形** 無秩序の，乱雑な（⇔ orderly）；（人が）無法な，乱暴な．

その他の同語源の語

⑥ **inord**inate /ɪnɔ́ɚdənət/ **形** 過度の，法外な．
⑦ **ord**ain /ɔɚdéɪn/ **動** （聖職者）を任命する；（神などが）…と定める．
⑧ **ord**inance /ɔ́ɚdnəns/ **名** 法令，布告，条例．

ori (始まる) = begin

① **ori**gin （始まること）→ 起源
② **ori**ent （方向づける）→ 向ける
③ ab**or**tion （生まれることを除くこと）→ 妊娠中絶

例文・派生語

① origin* /ɔ́ːrədʒɪn/

名 起源，始まり；生まれ，身元：Some of our customs are of Chinese **origin**. 私たちの習慣の中には中国起源のものがある.
original /ərídʒ(ə)n(ə)l/ **形** 最初の；独創的な；**名** 原物，原画，原文，原書.
originate /ərídʒənèɪt/ **動** 発生する；始まる；考案する.

② orient /ɔ́ːriènt/ ＜ ori（始まる）＋ ent（…に関する）＞

動 向ける，方向づける：This language course is **oriented** toward intermediate students. この語学コースは中級学生向けである.
── **名** [the O-] 東洋（←日が昇る方向）.
oriental /ɔ̀ːriéntl/ **形** [時に O-] 東洋の.
orientation /ɔ̀ːriəntéɪʃən/ **名** 志向，方向性；オリエンテーション.

③ abortion* /əbɔ́ːrʃən/ ＜ ab（離して）＋ or（始まる）＋ tion（こと）＞

名 妊娠中絶：Catholics are often against **abortion**. カトリック教徒はしばしば妊娠中絶に反対している.
abort /əbɔ́ːrt/ **動** 流産させる；中絶する；（計画）を中止する.

その他の同語源の語

④ ab**ori**gine /æbərídʒəni/ **名** 先住民，アボリジニ（←始めから住んでいる人）.
⑤ prim**or**dial /praɪmɔ́ːrdiəl/ **形** 原始時代からある（←始まりの）.

> 語根

pan (パン) = bread

① com**pan**y （一緒にパンを食べる仲間）
→会社
② com**pan**ion （一緒にパンを食べる人）
→仲間
③ accom**pan**y （…に同伴する）
→…について行く

companion

例文・派生語

① company** /kʌ́mp(ə)ni/ ＜com（共に）＋pan（パン）＋y（集団）＞

名 会社；交際，同伴，同席；仲間；来客；団体：This **company** has a lot of branches. この会社には支店がたくさんある．

② companion* /kəmpǽnjən/ ＜com（共に）＋pan（パン）＋ion（…すること）＞

名 仲間，話し相手：He will be a good **companion** for you. 彼はあなたの良い仲間になるでしょう．companion**able** /kəmpǽnjənəbl/ **形** 親しみやすい．companion**ship** /kəmpǽnjənʃɪp/ **名** 仲間付き合い，交際．

③ accompany* /əkʌ́mp(ə)ni/ ＜ac（＝ad…に）＋company（同伴）＞

動 …について行く，…と一緒に行く；…の伴奏をする：Tom accompanied Mary to the grocery store. トムは食料雑貨店までメアリーについて行った．accompan**iment** /əkʌ́mp(ə)nimənt/ **名** 伴奏；（飲食物の）添え物；随伴物．accompan**ist** /əkʌ́mp(ə)nɪst/ **名** 伴奏者．

その他の同語源の語

④ **pan**try /pǽntri/ **名** 食料品置き場，食器室（←パン製造所）．
⑤ **pan**nier /pǽnjɚ/ **名** 荷かご《馬につける》；背負いかご（←パンかご）．
⑥ **pan**ada /pənάːdə/ **名** パンがゆ．

pare (用意する) = prepare

① pre**pare** （前もって用意する）→準備をする
② se**par**ate （離して用意した）→分かれた
③ **par**ade （用意されたもの）→パレード
④ ap**par**atus （…に用意されたもの）→装置
⑤ re**pair** （再び用意する）→修理する

例文・派生語

① **prepare**** /prɪpéər/ ＜ pre (前もって) + pare (用意する)＞

動 準備をする，用意をする；…の支度をする，調理する: The children are **preparing** to go hiking. 子供たちはハイキングに行く準備をしている.
prepar**ation** /prèpəréɪʃən/ 名 準備，用意.
prepar**atory** /prɪpǽrətɔːri/ 形 準備の.

② **separate**** /sép(ə)rət/ ＜ se (離して) + parate (用意した)＞

形 分かれた，離れた；別々の: His personal life is totally **separate** from his work. 彼の個人的な生活は仕事とは完全に分かれている.
── 動 /sépərèɪt/ 動 分ける，区別する；切り離す；別れさせる；別れる，別居する.
separ**ation** /sèpəréɪʃən/ 名 分離；別離；【法律】(夫婦の)別居.
separ**ately** /sép(ə)rətli/ 副 分かれて，離れて；別々に.
separ**ates** /sép(ə)rəts/ 名 (衣類の)セパレーツ.
separ**ator** /sépərèɪtər/ 名 分離する人；分離器.
separ**able** /sép(ə)rəbl/ 形 分けられる，分離できる.
（⇔ **in**separable 形 分けることができない，分離できない）

③ **parade*** /pəréɪd/ ＜ par (用意する) + ade (もの)＞

名 パレード，行進: There was a **parade** on the Fourth of July. 7月4日にはパレードがあった. ── 動 パレードする，行進する.

語根

④ **apparatus** /ˌæpərǽtəs/ ＜ ap (= ad…に) + paratus (用意された)＞

名 装置, 器具；機構, 組織：Astronauts have a special breathing **apparatus**. 宇宙飛行士は特殊な呼吸装置を身につけている.

⑤ **repair*** /rɪpéɚ/ ＜ re (再び) + pair (用意する)＞

動 修理する；埋め合わせをする：If it's still under warranty, you can get it **repaired** for free. まだ保証期間内であれば無償で修理してもらえます.
―― 動 修理.
repair**able** /rɪpé(ə)rəbl/ 形 修繕できる.
repair**er** /rɪpéɚrɚ/ 名 修理人.
repair**man** /rɪpéɚmæ̀n/ 名 修理工 [屋].
repar**ation** /rèpəréɪʃən/ 名 賠償.
repar**able** /rép(ə)rəbl/ 形 埋め合わせのできる, 修復できる.

その他の同語源の語

⑥ **pare** /péɚ/ 動 (野菜・果物)の皮をむく (←用意する).
⑦ **appar**el /əpǽrəl/ 名 衣料品, 衣服；衣装 (←…に用意されたもの).
⑧ **par**ry /pǽri/ 動 (打撃)をかわす；(質問)を受け流す (←用意する).
⑨ **emp**eror* /émp(ə)rɚ/ 名 皇帝 (←司令官←…の方に用意する者).
⑩ **imp**erial* /ɪmpí(ə)riəl/ 形 帝国の；皇帝の (←支配の←…の方に用意する).
　imperial**ism** /ɪmpí(ə)riəlìzm/ 名 帝国主義.
　imperial**ist** /ɪmpí(ə)riəlɪst/ 名 帝国主義者.
⑪ **emp**ire* /émpaɪɚ/ 名 帝国 (←支配する←…の方に用意する).
⑫ **sev**er /sévɚ/ 動 切断する；(関係)を断つ (← **separate** (分かれた) より).
　sever**ance** /sév(ə)rəns/ 名 分離, 切断；契約の解除.
⑬ **sev**eral** /sév(ə)rəl/ 形 いくつかの, 数個 [人] の；代 いくつかのもの (←分かれた).

pater (父) = father

① **patter**n （父のような模範となるもの→型）→模様
② **patr**on （父親の役目をする者）
　　　　　　→パトロン
③ **patr**iot （祖国の住民→同胞）
　　　　　　→愛国者
④ re**patr**iate （祖国に戻す）
　　　　　　→本国へ送り返す
⑤ **pater**nal 父の

父と子

例文・派生語

① **patter**n** /pǽtən/ ＜ patter (父) + n (…の大きなもの) ＞

名 模様；型，パターン；模範：Many European gardens are made in a geometric **pattern**. ヨーロッパの多くの庭園は幾何学的な模様に作られている．

② **patr**on* /péɪtrən/ ＜ patr (父) + on (…の大きなもの) ＞

名 パトロン，後援者；ひいき客，お得意：Most artists had **patrons** before the commercialization of the arts. 美術が商業化される前はほとんどの画家にはパトロンがついていた．

patron**age** /pǽtrənɪdʒ/ **名** 後援，保護；ひいき．
patron**ize** /péɪtrənàɪz/ **動** …に目上のような態度をとる；後援する．

③ **patr**iot* /péɪtriət/ ＜ patri (父) + ot (…の住民) ＞

名 愛国者：Charles de Gaulle will always be remembered as a great French **patriot**. シャルル・ド・ゴールはフランスの偉大な愛国者としてずっと記憶されるだろう．

patrio**tic** /pèɪtriátɪk/ **形** 愛国的な，愛国心の強い．
patrio**tism** /péɪtriətìzm/ **名** 愛国心．

④ **repatriate**＊ /rìːpéɪtrièɪt/ ＜ re（元へ）＋ patri（父→祖国）＋ ate（…する）＞

動 本国に送還する：After the war, prisoners were **repatriated**. 戦後, 捕虜たちは本国に送還された.
repatri**ation** /rìːpèɪtriéɪʃən/ **名** 本国送還, 帰国.

⑤ **paternal** /pətə́ːn(ə)l/ ＜ pater（父）＋ al（…の）＞

形 父の, 父らしい：The father's **paternal** instinct started the moment he saw his new born baby. 生まれたばかりの赤ん坊を見た瞬間, 父親は父性本能を呼びさまされた.
patern**alism** /pətə́ːn(ə)lìzm/ **名** 家長主義, 保護者ぶった干渉.
patern**alistic** /pətə̀ːn(ə)lístɪk/ **形** 家長主義的な, 保護者ぶった.
patern**ally** /pətə́ːn(ə)li/ **副** 父親らしく.
pater**nity** /pətə́ːnəti/ **名** 〖法律〗父系, 父性；父であること.

その他の同語源の語

- ⑥ **patr**iarch /péɪtriɑ̀ːk/ **名** 長老, 家長；〖カトリック〗総大司教（←家父長）.
  patriarch**al** /pèɪtriɑ́ːk(ə)l/ **形** 長老の, 家長らしい；（社会が）男性支配の.
  patriarch**y** /péɪtriɑ̀ːki/ **名** 族長［家長］政治, 父権社会.
- ⑦ com**patr**iot /kəmpéɪtriət/ **名** 同国人, 同胞（←祖国を共にする人）.
- ⑧ ex**patr**iate /ekspéɪtrièɪt/ **名** 国外移住者；**形** 国外に移住した（←祖国を出た）.
- ⑨ **patr**icide /pǽtrəsàɪd/ **名** 父殺し（←父を殺す行為［人］；☞ cide の項）.
- ⑩ **patr**imony /pǽtrəmòʊni/ **名** 世襲財産, 家宝（←父の財産）.
- ⑪ **patr**ician /pətríʃən/ **名** 古代ローマの貴族, 貴族；**形** 貴族の（←有名な父の）.
- ⑫ **pa**pa /pɑ́ːpə/ **名** パパ, お父さん.
- ⑬ **pa**pal /péɪp(ə)l/ **形** ローマ教皇の（←長老の←父の）.
  pope /póʊp/ **名** ローマ教皇, ローマ法王.

pet (求める) = seek

① com**pet**e　　　（共に求め合う）→競争する
② com**pet**ent　　（張り合っている）→能力のある
③ ap**pet**ite　　　（…を求めた）→食欲
④ per**pet**ual　　（ずっと求ている）→絶え間のない
⑤ **pet**ition　　　（求めること）→請願書

例文・派生語

① compete* /kəmpíːt/　＜ com（共に）+ pete（求める）＞

動 競争する，張り合う；匹敵する：The students **competed** with each other for the prize. 生徒たちは賞を得ようと互いに競争した.
compet**ition** /kàmpətíʃən/ **名** 競争，試合，競技，コンテスト.
compet**itive** /kəmpétətɪv/ **形** 競争の；競争心の強い，競争力のある.
competitive**ness** /kəmpétətɪvnəs/ **名** 競争心；競争力.
competi**tor** /kəmpétətə/ **名** 競争者，競争相手；（競技の）参加者.

② competent* /kámpətənt/　＜ com（共に）+ pet（求める）+ ent（…している）＞

形 能力のある，有能な；十分な：The doctors decided that he was of sound mind and **competent** to stand trial. 医師たちは彼の精神状態は正常で裁判を受ける能力があると判定した.（⇔ **in**competent **形** 無能な，不適格な，能力のない）
competen**ce** /kámpətəns/ **名** 能力；適性.（⇔ **in**competence **名** 無能，不適格）

③ appetite* /ǽpətàɪt/　＜ ap（= ad…の方へ）+ petite（求めた）＞

名 食欲；欲望，好み：Exercise will increase your **appetite** for dinner. 運動すると夕食時の食欲が増しますよ.
appeti**zing** /ǽpətàɪzɪŋ/ **形** 食欲をそそる.
appeti**zer** /ǽpətàɪzə/ **名** 前菜《食事の最初の軽い料理・飲み物》.

④ **perpetual**＊ /pɚpétʃuəl/ ＜ per（…を通して）＋ pet（求める）＋ al（…の）＞

形 絶え間のない，ひっきりなしの；永久的な：Relations between the two nations are damaged by **perpetual** fighting. その両国の関係は絶え間のない争いによって損なわれている．
perpetual**ly** /pɚpétʃuəli/ 副 絶え間なく：永久に．
perpetu**ate** /pɚpétʃuèɪt/ 動 永続させる．
perpetu**ation** /pɚpètʃuéɪʃən/ 名 永久化．
perpetu**ity** /pɚ̀ːpət(j)úːəti/ 名 永続，永存．

⑤ **petition**＊ /pətíʃən/ ＜ peti（求める）＋ tion（こと）＞

名 請願書，陳情書，嘆願書：They presented a **petition** to the mayor for financial assistance. 彼らは市長に財政援助の請願書を提出した．
— 動 請願する，陳情する，嘆願する．
petition**er** /pətíʃ(ə)nɚ/ 名 陳情者．

その他の同語源の語

⑥ **impet**us /ímpətəs/ 名 勢い，はずみ；〖物理〗運動力（←…を求めること）．
impetu**ous** /ɪmpétʃuəs/ 形 性急な．impetu**osity** /ɪmpètʃuásəti/ 名 せっかち．

⑦ **appet**ency /ǽpətənsi/ 名 強い欲望．欲求（…を求めること）．

⑧ **pet**ulant /pétʃulənt/ 形 短気な，怒りっぽい（←要求する）．

⑨ re**peat**＊＊ /rɪpíːt/ 動 繰り返して言う；繰り返して行う，繰り返す（←再び求める）．
repet**ition** /rèpətíʃən/ 名 繰り返し．
repet**itious** /rèpətíʃəs/ 形 繰り返しの多い．
repet**itive** /rɪpétətɪv/ 形 （動作が）反復的な．
repeat**ed** /rɪpíːtɪd/ 形 繰り返された．
repeat**edly** /rɪpíːtɪdli/ 副 繰り返して．
repeat**er** /rɪpíːtɚ/ 名 連発銃；再履修生．

⑩ **centri**pe**t**al /sentrípətl/ 形 〖物理〗求心性の（←中心を求める；☞ center の項）．

phone (音) = sound

① tele**phone** （遠くの音）→電話
② micro**phone** （小さな音を大きくするもの）
　　　　　　　→マイクロフォン
③ sym**phon**y （音の一致）→交響曲
④ saxo**phone** （Sax 氏が発明した楽器）
　　　　　　　→サクソフォン
⑤ mega**phone** （音を大きくするもの）
　　　　　　　→メガホン
　　　　　　　magaphone ▶

例文・派生語

① telephone** /téləfòun/ ＜ tele（遠い）＋ phone（音）＞

名 電話： Alexander Graham Bell invented the **telephone** in 1876. アレクサンダー・グレアム・ベルは 1876 年に電話を発明した. ── 動 電話をかける.

② microphone* /máɪkrəfòun/ ＜ micro（小さな）＋ phone（音）＞

名 マイクロフォン, マイク： She screamed into the **microphone**. 彼女はマイクロフォンに向かって叫んだ.

③ symphony* /símfəni/ ＜ sym（＝ syn 同時に）＋ phony（音）＞

名 交響曲, シンフォニー： Many people regard Beethoven's Fifth **Symphony** as his finest work. 多くの人はベートーベンの交響曲第 5 番が彼の最高の作品だとみなす.
symphon**ic** /sɪmfánɪk/ 形 交響曲の.

④ saxophone /sǽksəfòun/ ＜ sax（＝ Sax 人名）＋ phone（音）＞

名 サクソフォン： The **saxophone** was invented by Antoine Joseph Sax. サクソフォンはアントワーヌ・ジョゼフ・サックスによって発明された.

⑤ **megaphone** /mégəfòun/ ＜ mega（大きい）＋ phone（音）＞

名 メガホン；ハンドマイク：He put a **megaphone** to his mouth and gave instructions. 彼はメガホンを口に当てて指示を出した．

その他の同語源の語

⑥ **phone**** /fóun/ 名 電話；動 電話する；電話をかける（← telephone の短縮形）．

⑦ **phon**etics /fənétɪks/ 名 音声学（←音の学問）．
phonetic /fənétɪk/ 形 音声学の．phonetician /fòunətíʃən/ 名 音声学者．

⑧ **phon**eme /fóuni:m/ 名〖言語〗音素．

⑨ **phon**ic /fánɪk/ 形〖音声〗音の，音声の．

⑩ **phon**ics /fánɪks/ 名〖言語〗フォニックス《つづり字と発音の関係を教える教科》．

⑪ **phon**ology /fənálədʒi/ 名〖言語〗音韻論（←音の学問；☞ -logy の項）．

⑫ **phon**ogram /fóunəgræm/ 名 表音文字（←音を記録したもの）．

⑬ **phon**ograph /fóunəgræf/ 名《米》蓄音機（←音を記録したもの）．

⑭ gramo**phone** /grǽməfòun/ 名《英》蓄音機（←音を記録したもの）．

⑮ caco**phon**y /kækáfəni/ 名 不協和音；不快な音調（←悪い音）．

⑯ eu**phon**y /júːfəni/ 名 快い音調；音便（←良い音）．

⑰ eu**phon**ium /juːfóuniəm/ 名 ユーフォニウム《金管楽器》（←良い音を出す楽器）．

⑱ xylo**phone** /záɪləfòun/ 名 木琴，シロホン（←木の音）．

⑲ eu**phem**ism /júːfəmìzm/ 名 婉曲語法（←美しい言葉を使うこと）．
euphemistic /jùːfəmístɪk/ 形 婉曲な．

⑳ blas**pheme** /blæsfíːm/ 動（神）に不敬の言葉を吐く，冒瀆する．

㉑ pro**phe**cy /práfəsi/ 名 予言，神のお告げ（←前もって話すこと）．
prophesy /práfəsàɪ/ 動 予言する．prophet /práfɪt/ 名 予言者，預言者．
prophetic /prəfétɪk/ 形 未来を正確に言い当てる；予言の．

ple (満たす) = fill

① complete　　　（完全に満たた）→完全な
② plenty　　　　（満ちた状態）→たっぷり
③ supply　　　　（いっぱいに満たす）→供給する
④ implement　　（満ちた状態にする）→実行する
⑤ accomplish　（完全に満ちた状態にする）→達成する
⑥ supplement　（いっぱいに満たすもの）→補足

例文・派生語

① complete** /kəmplíːt/ ＜ com (完全に) + plete (満たされた) ＞

形 完全な，全くの；完備した：They seek the **complete** abolition of nuclear weapons. 彼らは核兵器の完全な廃絶を求めている．(⇔ in**complete** 形 不完全な；未完成の)
── 動 完成する；完全なものにする．complet**ion** /kəmplíːʃən/ 名 完成，完了．complete**ly** /kəmplíːtli/ 副 完全に，まったく．complete**ness** /kəmplíːtnəs/ 名 完全．

② plenty** /plénti/ ＜ plen (満ちた) + ty (…の状態) ＞

名 たっぷり，十分，豊富：There's always **plenty** to eat and drink at her parties. 彼女のパーティーではいつも飲み物も食べ物もたっぷりある．── 副 たっぷり，十分に．
plenti**ful** /pléntɪf(ə)l/ 形 たっぷりある，豊富な．plent**eous** /pléntiəs/ 形 豊穣な．

③ supply** /səpláɪ/ ＜ sup (= sub 下から) + ply (満たす) ＞

動 供給する，与える：Cows **supply** us with milk. 雌牛は私たちに牛乳を供給する．
── 名 蓄え；生活必需品；供給．supp**lier** /səpláɪɚ/ 名 供給業者，仕入れ先；供給国．

④ implement* /ímpləmènt/ ＜ im (= in …の中に) + ple (満たす) + ment (状態) ＞

動 実行する，履行する：There is not enough money to **implement** the mayor's plan. 市長の案を実行するだけの十分な金がない．── 名 /ímpləmənt/ 道具，用具．

語根

⑤ **accomplish*** /əkámplɪʃ/ ＜ ac（＝ ad…に）＋ compl（完全に満ちた）＋ ish（…にする）＞

動 達成する，成し遂げる：We finally **accomplished** our purpose. 私たちはついに目的を達成した．
accompli**shment** /əkámplɪʃmənt/ 名 業績；達成．

⑥ **supplement*** /sʌ́pləmənt/ ＜ sup（＝ sub 下から）＋ ple（満たす）＋ ment（もの）＞

名 補足；補助食品，サプリメント；付録，補遺：The government offers income **supplements** for the working poor. 政府は貧困労働者に収入の補足を提供している．
── 動 /sʌ́pləmènt/ 補う，補足する．
supplement**ary** /sʌ̀pləméntəri/ 形 補訂する．

その他の同語源の語

⑦ com**ple**ment* /kámpləmənt/ 名 補完するもの；〚文法〛補語；
動 /kámpləmènt/ 引き立てる，補完する（←完全に満たすもの）．
complement**ary** /kàmpləméntəri/ 形 補い合う，補完的な．
⑧ com**pli**ment* /kámpləmənt/ 名 ほめ言葉；動 /kámpləmènt/ ほめる（←完全に満たすもの）．
compliment**ary** /kàmpləméntəri/ 形 招待の，無料の；称賛の，お世辞の．
⑨ com**pl**y* /kəmpláɪ/ 動 応じる，従う（←完全に満たす）．
compl**iance** /kəmpláɪəns/ 名 服従．
compl**iant** /kəmpláɪənt/ 形 従順な，素直な．
⑩ de**ple**te* /dɪplíːt/ 動 減少させる，使い果たす（←空にする）．
⑪ re**ple**nish /rɪplénɪʃ/ 動 再び満たす；補充する，補給する．
⑫ re**ple**te /rɪplíːt/ 形 一杯の，充満した（←完全に満ちた）．
⑬ **ple**nary /plíːnəri/ 形 全員出席の；絶対的な，全権を有する（←満ちた）．
⑭ **ple**nipotentiary /plènəpouténʃ(ə)ri/ 名 全権大使；形 全権を有する（←能力に満ちた）．
⑮ ex**ple**tive /éksplətɪv/ 名 感嘆詞，ののしり言葉（←いっぱいに満ちた）．

pone (置く) = place

① com**pone**nt （一緒に置かれたもの）→ 構成部分
② op**pone**nt （…に反対する人）→ 相手
③ post**pone** （後に置く）→ 延期する

例文・派生語

① **component*** /kəmpóʊnənt/ ＜ com（一緒に）+ pone（置く）+ ent（もの）＞

名 構成部分，部品，成分：Hard drives are a vital **component** in computers. ハードディスクドライブはコンピューターの極めて重要な構成部分である．
― **形** 構成部分の．

② **opponent*** /əpóʊnənt/ ＜ op（= ob…に対して）+ pone（置く）+ ent（人）＞

名 相手，敵；反対者：The team defeated their **opponents** by a big margin. そのチームは相手に大差で勝った．

③ **postpone*** /poʊs(t)póʊn/ ＜ post（後に）+ pone（置く）＞

動 延期する，遅らせる；後回しにする：He requested that we **postpone** the meeting until next Monday. 彼は私たちが会を来週の月曜日まで延期することを求めた．

その他の同語源の語

④ pro**pone**nt /prəpóʊnənt/ **名** （主義の）支持者，唱道者（←前に置く人）．
⑤ ex**pone**nt /ɪkspóʊnənt/ **名** 唱道者，説明者；〘数学〙指数（←外に置く人）．
⑥ com**pound*** /kάmpaʊnd/ **名** 合成物；化合物；〘文法〙合成語；**形** 合成の；
動 /kəmpáʊnd/ いっそうひどくする；混合する（←一緒に置く）．
⑦ ex**pound** /ɪkspáʊnd/ **動** 詳しく説明する（←外に置く）．
⑧ pro**pound** /prəpáʊnd/ **動** （問題）を提出する，提起する（←前に置く）．

> 語根

popul (人々) = people

① **popul**ar　　　（人々の）→人気のある
② **popul**ation　（人々を住まわせること）→人口

例文・派生語

① **popular**** /pápjulɚ/　＜ popul（人々）＋ ar（…の）＞

形 人気のある；大衆向きの，ポピュラーな；民衆の：Rugby is the most **popular** sport in New Zealand. ラグビーはニュージーランドで最も人気のあるスポーツです。
　　（⇔ **un**popular /ʌ̀npápjulɚ/ 形 人気のない，評判の悪い）
popul**ar**ity /pàpjulǽrəti/ 名 人気，流行．（⇔ **un**popularity 名 不人気，不評判）
popul**ar**ize /pápjuləràɪz/ 動 …の人気を高める，はやらせる；通俗的にする．
popul**ariz**ation /pàpjulərɪzéɪʃən/ 名 人気を高めること；普及，通俗化．

② **population**** /pàpjuléɪʃən/　＜ popul（人々）＋ ation（…すること）＞

名 人口：What is the **population** of Japan? 日本の人口はどのくらいですか．
popul**ous** /pápjuləs/ 形 人口の多い，人口密度の高い．
popul**ate** /pápjulèɪt/ 動 …に住む；植民する；…に人々を住まわせる．

その他の同語源の語

③ **popul**ace /pápjuləs/ 名 大衆，民衆．
④ de**popul**ate /dìːpápjulèɪt/ 動 …の住民を減らす，過疎にする．
　depopulation /dìːpàpjuléɪʃən/ 名 人口減少，過疎化．
⑤ **people**** /píːpl/ 名 人々；国民；民族．

publ (人々) = people

① **publ**ic　（人々に関する）
　　　　　　→公共の；大衆
② **publ**ish　（公にする）→出版する
③ re**publ**ic　（人民の物）→共和国

例文・派生語

① public** /pʌ́blɪk/　＜ publ（人々）＋ ic（…の）＞

形　公共の，公立の；公務の；公衆の：In Singapore eating a durian isn't allowed in many **public** places. シンガポールでは多くの公共の場所においてドリアンを食べることは許されていない．

— 名　大衆；社会：The **public** is the best judge. 大衆が最もよい審判者である．
publicize /pʌ́bləsàɪz/ 動　公表する，発表する，公告する．
publicity /pʌblísəti/ 名　知名度，知れ渡っていること；宣伝，PR．
publicly /pʌ́blɪkli/ 副　公に，公然と．

② publish** /pʌ́blɪʃ/　＜ publ（人々）＋ ish（…にする）＞

動　出版する，刊行する；発表する：The book has been **published** all over the world. その本は世界中で出版されている．
publication /pʌ̀bləkéɪʃən/ 名　出版，発行；出版物；発表．

③ republic** /rɪpʌ́blɪk/　＜ res（物）＋ publ（人々）＋ ic（…の）＞

名　共和国：Switzerland is a federal **republic**. スイスは連邦共和国である．
republican /rɪpʌ́blɪk(ə)n/ 形　共和国の，共和制の；（米国の）共和党の；名　共和党員．
republicanism /rɪpʌ́blɪkənɪzm/ 名　共和党の主義［政策］．

語根

pulse (駆り立てられる) = driven

① **pulse** (駆り立てられる→打つこと) →脈拍
② com**puls**ory (完全に駆り立てられる) →強制的な
③ im**pulse** (…の中に駆り立てられること) →衝動

例文・派生語

① pulse* /pΛ́ls/

名 脈拍；鼓動；拍子：The patient's **pulse** quickened. 患者の脈拍が速くなった.
— **動** 脈打つ，鼓動する.

② compulsory* /kəmpΛ́ls(ə)li/ < com (完全に) + puls (駆り立てられる) + ory (…ような) >

形 強制的な，義務的な；必修の：Japan has introduced a system of **compulsory** registration of HIV carriers. 日本は HIV 感染者の強制的な登録制度を取り入れた.
compul**sive** /kəmpΛ́lsɪv/ **形** 強迫的な，抑制できない.
compul**sion** /kəmpΛ́lʃən/ **名** 強制；強い衝動.
com**pel** /kəmpél/ **動** 無理に…させる，強いる (←完全に駆り立てる).

③ impulse* /ímpΛls/ < im (= in…の中に) + pulse (駆り立てられる) >

名 衝動，でき心：She couldn't resist the **impulse** to buy the dress. 彼女はそのドレスを買いたいという衝動を抑えることができなかった.
impul**sive** /ɪmpΛ́lsɪv/ **形** 衝動的な.
im**pel** /ɪmpél/ **動** 促す，無理に…させる (…の中に駆り立てる).

その他の同語源の語

④ **puls**ate /pΛ́lseɪt/ **動** (脈が)打つ；どきどきする (←駆り立てられる).
⑤ re**puls**e /rɪpΛ́ls/ **動** 嫌がらせる；撃退する (←後ろに駆り立てられる).
⑥ repeal /rɪpíːl/ **動** (法律)を無効にする；**名** 廃止 (←呼び戻す).

pute (考える) = think

① dis**pute**　　　（別々に考える）→紛争
② com**put**er　　（一緒に考えるもの→計算するもの）
　　　　　　　　　→コンピューター
③ re**put**ation　　（再び考えること）→評判
④ de**put**y　　　（委任された人）→代理人

例文・派生語

① dispute** /dɪspjúːt/　＜ dis（別々に）＋ pute（考える）＞

名 紛争；論争，議論：The **dispute** between the two countries was settled with diplomacy. 両国間の紛争は外交によって解決された．
— **動** 異議を唱える，反論する；論争する．
disput**ation** /dìspjʊtéɪʃən/ **名** 論争，討論．
disput**able** /dɪspjúːtəbl/ **形** 議論の余地のある，疑わしい．
　（⇔ **in**disputable **形** 議論の余地のない，明白な）

② computer** /kəmpjúːtə/　＜ com（一緒に）＋ pute（考える）＋ er（もの）＞

名 コンピューター，電子計算機：**Computers** have a great ability to store and process information. コンピューターは情報を蓄積し処理する偉大な能力をもっている．
computer**ize** /kəmpjúːtəraɪz/ **動** コンピューター化する，コンピューターで処理する．
computeriz**ation** /kəmpjùːtərɪzéɪʃən/ **名** コンピューター化，電算化．
comput**ing** /kəmpjúːtɪŋ/ **名** コンピューター操作，コンピューター使用．
compute /kəmpjúːt/ **動** 計算する；算定する．

③ reputation* /rèpjʊtéɪʃən/　＜ re（再び）＋ pute（考える）＋ ation（こと）＞

名 評判；名声，好評：His recent work has added greatly to his **reputation**. 最近の仕事で彼の評判が大いに高まった．
re**put**e /rɪpjúːt/ **名** 評判，名声．re**put**ed /rɪpjúːtɪd/ **形** 思われて，評判で．
re**put**edly /rɪpjúːtɪdli/ **副** 世評によれば，うわさでは．

語根

④ **deputy** /dépjʊti/ ＜de（離して）＋puty（考えられた）＞

名 代理人；次位の人，次長：When the director is away, his **deputy** is in charge. 所長が留守の間，代理人が担当します．
dep**utize** /dépjʊtàɪz/ **動** 代理を務める．

その他の同語源の語

⑤ im**pute** /ɪmpjúːt/ **動** （…の）せいにする（←…と考える）．
　 imput**ation** /ìmpjʊtéɪʃən/ **名** 人のせいにすること；非難．
⑥ **put**ative /pjúːtətɪv/ **形** 一般に思われている，推定上の．
⑦ de**pute** /dɪpjúːt/ **動** （人）に代理で…させる（←委任する）．
　 deput**ation** /dèpjʊtéɪʃən/ **名** 代表団．

105

reg (支配する) = rule

① **reg**ular （規則的な）→ 定期的な
② **reg**ion （支配するもの→王国）→ 地域
③ **reg**ime （支配）→ 政権
④ **reg**al （支配に特有の）→ 堂々とした

例文・派生語

① regular** /régjʊlɚ/ ＜ reg（支配，規則）＋ ar（…の）＞

形 定期的な；規則的な；正規の；（選手が）レギュラーの：You can improve your condition with **regular** exercise. 定期的な運動で体調を改善することができます．（⇔ **ir**regular 形 不規則な，不定期な；ふぞろいの）

— 名 常連；（チーム・番組の）レギュラー；レギュラーガソリン．

regul**ate** /régjʊlèɪt/ 動 規制する；調節する．（⇔ **de**regulate 動 規制を緩和する）
regul**ation** /règjʊléɪʃən/ 名 規則，規約；規制．（⇔ **de**regulation 名 規制緩和）
regul**ator** /régjʊlèɪtɚ/ 名（温度の）調節器；（政府の）業務監査委員．
regul**arize** /régjʊləràɪz/ 動 正式なものにする，合法的なものにする．
regul**arity** /règjʊlǽrəti/ 名 規則正しさ；規則性．（⇔ **ir**regularity 名 不規則性）
regul**arly** /régjʊlɚli/ 副 定期的に；規則的に．（⇔ **ir**regularly 副 不規則に，不定期に）

② region** /ríːdʒən/ ＜ reg（支配する）＋ ion（もの）＞

名 地域，地方；（体の）部位：The **region** has been hit by drought. その地域は干ばつに見舞われた．

region**al** /ríːdʒ(ə)nəl/ 形 地域の；地方的な，局地的な．
region**ally** /ríːdʒ(ə)nəli/ 副 地域的に；地域別に；局部的に．

③ regime* /rɪdʒíːm/

名 政権，体制；（食事・運動による）養生法，食餌療法(しょくじりょうほう)：The economy prospered under the new **regime**. 新たな政権の下で経済は繁栄した．

regim**en** /rédʒəmən/ 名 養生法，食餌療法（←支配）．

regiment /rédʒəmənt/ 名〖陸軍〗連隊；大勢；動 /rédʒəmènt/ 規格化する；厳しく統制する.
regimental /rèdʒəméntl/ 形 連隊の.
regimentation /rèdʒəməntéɪʃən/ 名 統制，規制.

④ **regal** /ríːgəl/ ＜ reg（支配する）＋ al（…の）＞

形 堂々とした；王［女王］の：He held himself with **regal** posture. 彼は堂々とした態度でふるまった.

その他の同語源の語

⑤ **reg**ent /ríːdʒənt/ 名 摂政；大学評議員；（州の）教育委員会委員（←支配する人）.
regency /ríːdʒənsi/ 名 摂政期，摂政政治.
⑥ **reg**icide /rédʒəsàɪd/ 名 国王殺し（←国王を殺す行為［人］；☞ cide の項）.
⑦ **reig**n* /réɪn/ 名 （王の）在位期間；支配；動 君臨する；支配する.
⑧ **roy**al* /rɔ́ɪəl/ 形 王の，女王の，王室の；王立の；王者らしい；すばらしい.
⑨ **real**m* /rélm/ 名 領域，部門，範囲；王国（←支配）.
⑩ **rec**tor /réktɚ/ 名 教区司祭；校長，学長（←支配する人）.
⑪ **rule**** /rúːl/ 名 規則，ルール；支配；習慣；動 支配する；裁決する；判決する.
ruler /rúːlɚ/ 名 支配者；定規.
⑫ **rail*** /réɪl/ 名 手すり；横棒；レール；鉄道（←真っすぐな棒←定規）.
⑬ **righ**t** /ráɪt/ 形 正しい；適当な；右の；副 ちょうど，真っすぐに；直ちに；正確に；名 権利；正しいこと；右；右翼；動 （不正）を正す（←支配する）.

sacr (神聖な) = holy

① **sacr**ed　　（神聖にした）→神聖な
② **sacr**ifice　（神聖にする(こと)）→犠牲(にする)
③ **sanc**tion　（神聖にすること）→制裁
④ **sanc**tuary　（神聖な場所）→禁猟区
⑤ **sain**t　　　（神聖にした）→聖人

例文・派生語

① **sacred**＊ /séɪkrɪd/　＜ sacr（神聖な）＋ ed（…した）＞

形 神聖な，聖なる；神聖視される：Marriage is a **sacred** institution. 結婚は神聖な制度である．

② **sacrifice**＊ /sǽkrəfàɪs/　＜ sacri（神聖な）＋ fice（する(こと)）＞

名 犠牲；いけにえ：The father's **sacrifice** of his well-being was applauded when he saved his son from a dangerous fire. その父親が危険な火災から息子を救うのに自分を犠牲にしたことが称賛された．
— 動 犠牲にする；いけにえをささげる：They **sacrificed** a little luxury and took a cheaper room. 彼らはすこしぜいたくを犠牲にして比較的安い部屋を取った．
sacrific**ial** /sæ̀krəfíʃəl/ 形 犠牲の；犠牲的な．

③ **sanction**＊ /sǽŋ(k)ʃən/　＜ sanc（神聖な）＋ tion（…すること）＞

名 制裁；認可；容認：The US demanded collective economic **sanctions** against nations that harbor terrorists. アメリカはテロリストをかくまっている国に対して集団的な経済制裁を求めた．
— 動 認可する，承認する．

④ **sanctuary**＊ /sǽŋ(k)tʃuèri/　＜ sanc（神聖な）＋ tuary（場所）＞

名 禁猟区，鳥獣保護区；避難所；聖域：Thousands of wild animals are protected in this **sanctuary**. この禁猟区には何千もの野生動物が保護されている．

⑤ **saint*** /séɪnt/ ＜ sain（神聖な）＋ t（…された）＞

名 聖人，聖者；聖人のような人： He has the patience of a **saint**. 彼は聖人のような忍耐力の持ち主だ.
saint**ly** /séɪntli/ **形** 聖人のような，高徳の.

その他の同語源の 語

⑥ **sacr**ament /sǽkrəmənt/ **名** 聖餐用のパン；〖カトリック〗秘跡,〖プロテスタント〗聖礼典（←神聖にする儀式）.
⑦ **sacr**ilege /sǽkrəlɪdʒ/ **名** 神聖冒瀆，罰あたりな行ない（←神殿のものを盗むこと）.
　sacrileg**ious** /sæ̀krəlídʒəs/ **形** 神聖を汚す，罰あたりな.
⑧ **sacr**osanct /sǽkroʊsæ̀ŋ(k)t/ **形** きわめて神聖な，絶対に侵すべからざる.
⑨ **sanct**ify /sǽŋ(k)təfàɪ/ **動** 神聖にする，神にささげる；正当化する.
　sanctifi**cation** /sæ̀ŋ(k)təfɪkéɪʃən/ **名** 神聖化；清め.
⑩ **sanct**ity /sǽŋ(k)təti/ **名** 神聖，尊厳.
⑪ **sanct**um /sǽŋ(k)təm/ **名** （神殿の）聖所；私室.
⑫ **sanct**imonious /sæ̀ŋ(k)təmóʊniəs/ **形** 信心ぶる，高潔らしく見せかけた.
⑬ con**secr**ate /kάnsɪkrèɪt/ **動** 神にささげる，神聖にする（←完全に神聖にする）.
　consecr**ation** /kὰnsɪkréɪʃən/ **名** 奉納，神聖にすること.
⑭ de**secr**ate /désɪkrèɪt/ **動** 神聖を汚す，冒瀆する（←神聖な状態から離す）.
　desecr**ation** /dèsɪkréɪʃən/ **名** 神聖冒瀆.
⑮ ex**ecr**ate /éksəkrèɪt/ **動** 忌み嫌う，ひどく嫌う（←神聖な状態から出す）.
　execr**able** /éksəkrəbl/ **形** のろうべき，忌まわしい.

sci (知る) = know

① **sci**ence （知ること）→科学
② con**sci**ous （知っている）→気づいて
③ con**sci**ence （共に知ること）→良心
④ subcon**sci**ous （意識下で知っている）→潜在意識の

例文・派生語

① science** /sáɪəns/ ＜ sci (知る) ＋ ence (こと) ＞

名 科学, 学問；自然科学： In the twentieth century, **science** has made spectacular advances. 20世紀に科学は目覚ましい進歩を遂げた。
scien**tific** /sàɪəntífɪk/ 形 科学の；科学的な．（⇔ **un**scientific 形 非科学的な）
scien**tist** /sáɪəntɪst/ 名 科学者．

② conscious* /kánʃəs/ ＜ con (しっかり) ＋ sci (知る) ＋ ous (…性の) ＞

形 気づいて；意識のある： She was **conscious** of being followed by someone. 彼女は誰かにつけられているのに気づいていた．（⇔ **un**conscious 形 意識を失った；気づかない）
conscious**ness** /kánʃəsnəs/ 名 意識, 知覚．（⇔ **un**consciousness 名 無意識；意識不明）
conscious**ly** /kánʃəsli/ 副 意識的に, 意識して．（⇔ **un**consciously 副 無意識に）

③ conscience* /kánʃəns/ ＜ con (共に) ＋ sci (知る) ＋ ence (こと) ＞

名 良心： I can't tell you what to do — it's a matter of **conscience**. 私からあなたにどうすべきだとは言えない, それは良心の問題だ．
conscien**tious** /kànʃiénʃəs/ 形 良心的な．

④ subconscious /sÀbkánʃəs/ ＜ sub (下で) ＋ conscious (気づいて) ＞

形 潜在意識の, 意識下の： Freud tried to bring **subconscious** human motives out into the open. フロイトは人間の潜在意識の動機を明るみに出そうとした．
── 名 潜在意識．

語根

その他の同語源の 語

⑤ **pre**sci**ence** /préʃ(i)əns/ 名 予知, 予感(←前もって知ること).
prescient /préʃ(i)ənt/ 形 予知する, 先見の明のある.
⑥ **sci**-fi /sáɪfáɪ/ 名 空想科学小説, SF(＝science fiction).
⑦ **omni**sci**ent** /ɑmníʃənt/ 形 全知の; 博識の(←すべてを知る).
omniscience /ɑmníʃəns/ 名 全知; 博識.
⑧ **sci**olism /sáɪəlìzm/ 名 生かじりの学問[知識].
sciolist /sáɪəlìst/ 名 えせ学者, 知ったかぶり《人》.
⑨ **ne**sci**ence** /néʃ(i)əns/ 名 無知;《哲学》不可知論(←知らないこと).
nescient /néʃ(i)ənt/ 形 無知な;《哲学》不可知の.

sect (切られた) = cut

① **sect**ion （切り分けられたもの）→部門
② **sect**or （切り分けられたもの）→部門
③ in**sect** （刻み目のある動物）→昆虫
④ dis**sect** （切り裂く）→解剖する
⑤ inter**sect** （相互に切る）→交差する

insect

例文・派生語

① **section**** /sékʃən/ ＜ sect（切られた）＋ ion（もの）＞

名 部門，課，グループ；地区；節，項：You'll find that book in the fine arts **section** of the library. その本は図書館の美術部門にあります．
sectional /sékʃ(ə)nəl/ 形 派閥的な；地域的な．

② **sector**** /séktɚ/ ＜ sect（切られた）＋ or（もの）＞

名 部門，分野：Every **sector** of the economy was hurt by the recession. 全経済部門が不況にやられた．

③ **insect*** /ínsekt/ ＜ in（中に）＋ sect（切られた）＞

名 昆虫：Ants, flies, bees, and beetles are **insects**. あり，はえ，みつばち，甲虫は昆虫である．
insecticide /ɪnséktəsàɪd/ 名 殺虫剤（←昆虫を殺すもの；☞ cide の項）．

④ **dissect** /dɪsékt/ ＜ dis（別々に）＋ sect（切られた）＞

動 解剖する，切開する；分析する：We carefully **dissected** the specimen and examined it under a microscope. 私たちはその標本を注意深く解剖し，顕微鏡で調べた．
dissection /dɪsékʃən/ 名 解剖，切開；分析．

⑤ **intersect** /ìntɚsékt/　< inter (相互に) ＋ sect (切られた) >

動 交差する，交わる；横切る：The two roads **intersect** diagonally. その２つの通りは斜めに交差している．
intersect**ion** /ìntɚsékʃən/ **名** 交差点；交差，横断．

その他の同語源の語

⑥ **vivisec**tion /vìvəsékʃən/ **形** （動物実験のための）生体解剖．
⑦ **seg**ment* /ségmənt/ **名** 区分，部分；**動** /ségmənt/ 部分に分ける（←切られたもの）．
　　segment**ation** /sègməntéɪʃən/ **名** 分割，分裂；分節．
　　segment**ed** /ségməntɪd/ **形** 区分けされた；分節された．
⑧ **sex**** /séks/ **名** 性行為；性，性別（←分けられること）．
　　sex**ual** /sékʃuəl/ **形** 性の，性的な；性別の．
　　sex**y** /séksi/ **形** 性的魅力のある，セクシーな．
　　sex**less** /séksləs/ **形** 性的魅力のない；無性の；性欲のない．
　　sex**ism** /séksɪzm/ **名** 性差別；女性蔑視．
　　sex**ist** /séksɪst/ **名** 性差別論者，女性蔑視者；**形** 性差別的な．

serve (保つ) = keep

① **serve** （人に仕える）→(飲食物)を出す
② **re**serve （後ろに保っておく）→予約する
③ **de**serve （完全に仕える）
　　　　　　→…に値する
④ **ob**serve （…に注意を払う）
　　　　　　→…に気がつく
⑤ **pre**serve （前もって保っておく）
　　　　　　→保存する

serve

例文・派生語

① serve** /sə́ːv/ ＜serve (保つ, 仕える)＞

動 (飲食物)を出す; (客)に対応する; …に仕える; (任期)を務める; 役に立つ; …に供給する: That restaurant **serves** inexpensive Italian food. あのレストランでは手ごろな値段のイタリア料理を出す.
serv**ice** /sə́ːvɪs/ **名** 公共事業; 便; サービス.
serv**ant** /sə́ːvənt/ **名** 使用人, 召し使い.
serv**er** /sə́ːvɚ/ **名** 〖電算〗サーバー; ウェーター.

② reserve** /rɪzə́ːv/ ＜re (後ろに) + serve (保つ)＞

動 予約する; 取っておく: We **reserved** two rooms at the hotel. 私たちはそのホテルに2部屋予約した. ── **名** 蓄え.
reser**vation** /rèzəvéɪʃən/ **名** 予約.
reserv**ed** /rɪzə́ːvd/ **形** 遠慮した; 予約した. (⇔ **un**reserved **形** 予約していない)
reserv**oir** /rézɚvwɑ̀ɚ/ **名** 貯水池; 宝庫(←取っておく所).

③ deserve* /dɪzə́ːv/ ＜de (完全に) + serve (保つ, 仕える)＞

動 …に値する, ふさわしい: His conduct **deserves** praise. 彼の行いは称賛に値する.
deserv**edly** /dɪzə́ːvɪdli/ **副** 当然, 正当に.

語根

④ **observe*** /əbzə́ːv/ ＜ ob（…に対して）＋ serve（保つ，注意する）＞

動 …に気がつく；観察する；述べる；守る；祝う： Darwin **observed** the difference between the two plants. ダーウィンはその２つの植物の違いに気がついた.
observ**ation** /ɑ̀bzɚvéɪʃən/ **名** 観察，観測；意見，考え.
observ**ance** /əbzə́ːv(ə)ns/ **名** 守ること，遵守；祝うこと.
observ**ant** /əbzə́ːv(ə)nt/ **形** 注意深い；厳守する.
observ**er** /əbzə́ːvɚ/ **名** 観察者，監視人.
observ**able** /əbzə́ːvəbl/ **形** 観察できる，目立った.
observ**atory** /əbzə́ːvətɔ̀ːri/ **名** 観測所，天文台（←観察する所）.

⑤ **preserve*** /prɪzə́ːv/ ＜ pre（前もって）＋ serve（保つ）＞

動 保存する，保護する；保つ： We must **preserve** our cultural heritage for future generations. 私たちは文化遺産を後の世代のために保存しなければならない.
preserv**ation** /prèzɚvéɪʃən/ **名** 保護，保存；保持.
preserv**ative** /prɪzə́ːvətɪv/ **名** 防腐剤；**形** 保存力のある.
preserv**er** /prɪzə́ːvɚ/ **名** 保護者，保持者.

その他の同語源の語

⑥ con**serve** /kənsə́ːv/ **動** 保護する，保全する；節約する（←しっかり保つ）.
 conserv**ation** /kɑ̀nsɚvéɪʃən/ **名** 保護.
 conserv**ationist** /kɑ̀nsɚvéɪʃ(ə)nɪst/ **名** 環境保全論者.
 conserv**ative** /kənsə́ːvətɪv/ **形** 保守的な；**名** 保守的な人；保守党員.
⑦ sub**servi**ent /səbsə́ːviənt/ **形** 言いなりになる，卑屈な（←下で仕える）.
 subservi**ence** /səbsə́ːviəns/ **名** 言いなりになること，卑屈.
⑧ dis**service** /dìs(s)ə́ːvɪs/ **名** ひどい仕打ち，害（←反対に仕えること）.
⑨ **serf** /sə́ːf/ **名** 農奴；奴隷（←仕える）.
⑩ **desser**t* /dɪzə́ːt/ **名** デザート（←食卓を片づける）.
⑪ **ser**geant* /sɑ́ɚdʒənt/ **名** 軍曹；巡査部長（←仕える者）.

sess (座る) = sit

① **session** （座っていること）→会合
② **assess** （裁判官の補佐としてそばに座る）→評価する
③ **possess** （座ることのできる）→所有する
④ **obsess** （…に向かって座る）→(人)に取りつく

例文・派生語

① **session**** /séʃən/ ＜ sess (座る) + ion (こと) ＞

名 会合，1回の時間；会議；会期：We have decided to bring up the question at the next **session**. 私たちはその問題を次の会合で取り上げることに決めた.

② **assess**** /əsés/ ＜ as (= ad…の方へ) + sess (座る) ＞

動 評価する，判断する；査定する：Teachers have to both teach and **assess** their pupils' progress. 教師は教えなければならないし，生徒の進歩を評価しなければならない.
assess**ment** /əsésmənt/ 名 判定，評価；査定，算定.
assess**or** /əsésɚ/ 名 査定者，評価人.

③ **possess*** /pəzés/ ＜ pos (…できる) + sess (座る) ＞

動 所有する，持つ；…がある：He **possesses** a large fortune. 彼は多大な財産を所有している.
posses**sion** /pəzéʃən/ 名 持っていること，所有；所有物，財産，領土.
posses**sive** /pəzésɪv/ 形 所有欲の強い；《文法》所有の，所有格の.
posses**sor** /pəzésɚ/ 名 持ち主，所有者.
posses**sed** /pəzést/ 形 取りつかれた，狂気の.

④ **obsess*** /əbsés/ ＜ ob (…に対して) + sess (座る) ＞

動 (人)に取りつく，(人)を悩ます：She was **obsessed** with the fear of death. 彼女は死の恐怖に取りつかれていた.
obses**sion** /əbséʃən/ 名 強迫観念，妄想.

語根

その他の同語源の語

⑤ **sed**iment /sédəmənt/ 名 沈殿物；〖地質〗堆積物(←座るもの).
sediment**ary** /sèdəméntəri/ 形 沈殿物の；堆積物の.
sediment**ation** /sèdəmentéɪʃən/ 名 〖地学〗堆積作用.
⑥ super**sed**e /sùːpɚsíːd/ 動 …に取って代わる(←…の上に座る).
⑦ **sed**ate /sɪdéɪt/ 形 平静な，落ち着いた；動 落ち着かせる(←座らせる).
sedat**ive** /sédətɪv/ 形 鎮静作用の.
⑧ **sed**entary /sédntèri/ 形 座っている；定住性の.
⑨ **set**** /sét/ 動 置く；きちんとした状態にする；決める；沈む；固まる；名 ひとそろい；受信機；セット；形 定められた(←座らせる).
⑩ **set**tle** /sétl/ 動 解決する；定住させる；置く(←座らせる).
settle**ment** /sétlmənt/ 名 解決；植民地.
settl**er** /sétlɚ/ 名 開拓者，移民.
settl**ed** /sétld/ 形 確固たる；落ち着いた.
⑪ **seat**** /síːt/ 名 座席；議席；動 席に着かせる(←座るもの).

sid（座る）= sit

① pre**sid**ent　（前に座る人）→大統領
② re**sid**ent　（後ろに座る人）→居住者
③ pre**sid**e　（前に座る）
　　　　　　　→議長を務める
④ dis**sid**ent　（離れて座る人）
　　　　　　　→反体制の人
⑤ sub**sid**y　（下に座るもの）→補助金
⑥ sub**sid**iary（下に座るもの）→子会社

座るリンカン大統領

例文・派生語

① **president**** /prézədənt/　＜ pre（前に）＋ sid（座る）＋ ent（人）＞

名 大統領；社長，会長：Abraham Lincoln was elected **President** in 1860. エイブラハム・リンカンは1860年に大統領に選ばれた．
presidential /prèzədénʃəl/ 形 大統領の；社長の，会長の．
presidency /préz(ə)dənsi/ 名 大統領の地位[任期]；社長［会長］の地位[任期]．

② **resident*** /rézədənt/　＜ re（後ろに）＋ sid（座る）＋ ent（人）＞

名 居住者，在住者；レジデント，専門医学実習医：Many privileges have been conceded to foreign **residents**. 外国人居住者には多くの特権が与えられている．
── 形 居住する，在住する；住み込みの．
residence /rézədəns/ 名 住居；居住．
residential /rèzədénʃəl/ 形 住宅の，住宅向きの．
reside /rɪzáɪd/ 動 居住する，住む；存在する．

③ **preside*** /prɪzáɪd/　＜ pre（前に）＋ side（座る）＞

動 議長を務める，司会する；統括する，主宰する：My mother **presided** over the PTA meeting. 私の母はPTAの会の議長を務めた．

語根

④ **dissident*** /dísədənt/ ＜ dis（離れて）＋ sid（座る）＋ ent（人）＞

名 反体制の人：Many **dissidents** were sent to labor camps. 多くの反体制の人々が強制収容所に送り込まれた. ── 形 反体制派の.
dissidence /dísədənt/ 名 不同意, 不賛成, 反対.

⑤ **subsidy*** /sʌ́bsədi/ ＜ sub（下に）＋ sid（座る）＋ y（もの）＞

名 補助金, 助成金：The government is now planning to cut some **subsidy**. 政府は一部の補助金をカットしようとしている.

⑥ **subsidiary*** /səbsídièri/ ＜ sub（下に）＋ sid（座る）＋ ary（もの）＞

名 子会社; 形 子会社の; 補助の：The company has steadily added **subsidiaries**. その会社は着実に子会社を増やしている.

その他の同語源の語

⑦ sub**side** /səbsáɪd/ 動 静まる, 和らぐ; 沈下する.（←下に座る）.
   sub**sid**ence /səbsáɪdns/ 名 陥没, 沈下.
⑧ as**sid**uous /əsídʒuəs/ 形 勤勉な; 配慮が行き届いた（←…の方へ座る）.
   as**sid**uity /æsəd(j)úːəti/ 名 勤勉; 配慮.
⑨ in**sid**ious /ɪnsídiəs/ 形 知らぬ間に進む, 潜行性の; 陰険な（←中に座る）.
⑩ re**sid**ue /rézəd(j)ùː/ 名 残り分, 残余;〖法律〗残余財産（←後に座るもの）.
⑪ **sit**** /sít/ 動 腰を下ろす, 座る; 腰を下ろしている, 座っている.
⑫ **sie**ge* /síːdʒ/ 名 包囲攻撃; 建物の包囲（←座り込むこと）.
⑬ be**sie**ge* /bɪsíːdʒ/ 動 包囲する; 押し寄せる（←すっかり座り込む）.

simil (似ている) = similar

① **simil**ar　　　　似ている
② as**simil**ate　　（…に似ているようにする）→同化する
③ **simul**taneous　（似た特徴をもつ）→同時の
④ **simul**ation　　（真似をすること）→シミュレーション

例文・派生語

① **similar**** /símələ/

形 似ている，同様の；《数学》相似の： His handwriting is **similar** to mine. 彼の筆跡は私のに似ている.
（⇔ **dis**similar 形 似ていない，異なる）
similar**ity** /sìməlǽrəti/ 名 似ていること，類似；相似；類似点.
（⇔ **dis**similarity 名 相違；相違点）

② **assimilate** /əsíməlèit/　< as (= ad…に) + simil (似ている) + ate (…にする) >

動 同化する，取り込む；似せる；理解する，吸収する： Northern Europeans **assimilate** readily into American society. 北欧の人々はアメリカ社会に同化しやすい.
assimilat**ion** /əsìməléiʃən/ 名 同化；理解，吸収.

③ **simultaneous*** /sàim(ə)ltéiniəs/　< simul (似ている) + aneous (…の特徴の) >

形 同時の，同時に起こる： She can do **simultaneous** translation from Japanese into English. 彼女は日本語から英語への同時通訳ができる.
simultaneous**ly** /sàim(ə)ltéiniəsli/ 副 同時に.
simultane**ity** /sàim(ə)ltəní:əti/ 名 同時性.

④ **simulation** /sìmjʊléɪʃən/ ＜ simul（似ている）＋ ation（…すること）＞

名 シミュレーション，模擬実験；ふり，真似：A **simulation** of what would happen to the city during an earthquake was run by experts in the field. 地震時にその都市がどうなるかというシミュレーションがその分野の専門家によってなされた.

simulate /símjʊlèɪt/ 動 模擬的に再現する，シミュレーションする；…のふりをする.

simulated /símjʊlèɪtɪd/ 形 似せて作った；模擬の，シミュレーションの.

simulator /símjʊlèɪtɚ/ 名 シミュレーター.

その他の同語源の語

⑤ **fac**simile /fæksíməli/ 名 複写；ファックス(fax)（←似たものを作れ！）.
⑥ **simi**le /síməliː/ 名 〖修辞〗直喩，明喩（←似ているもの）.
⑦ **simili**tude /səmílət(j)ùːd/ 名 類似，相似（←似ている状態）.
⑧ dis**simi**late /dɪsíməlèɪt/ 動 しらを切る；偽り隠す（←違うものにする）.
⑨ **simul**cast /sáɪm(ə)lkæ̀st/ 動 同時に放送する；名 同時放送（← *simul*taneous＋broad*cast*）.

solve（解く）= loosen

① **solve** 解決する
② re**solve** （完全に解く）→解決する
③ dis**solve** （解いてばらばらにする）→溶かす
④ **solv**ent （解ける→現金化できる）→支払い能力のある

例文・派生語

① solve* /sálv/

動 解決する，解く：This case will be very difficult to **solve**. この事件は解決するのが非常に難しいだろう．
sol**ution** /səlúːʃən/ 名 解決法，解答；溶液．
solv**able** /sálvəbl/ 形 （問題が）解ける，解決できる．
sol**uble** /sáljʊbl/ 形 溶ける，溶けやすい；解ける．

② resolve* /rɪzálv/ ＜ re（完全に）＋ solve（解く）＞

動 解決する；決心する；決議する；分解する：The problem was **resolved** only when the chairman resigned. 議長が辞めて初めて問題が解決した．
reso**lute** /rézəluːt/ 形 断固とした，決然たる．（⇔ **ir**resolute 形 決断力のない）
reso**lution** /rézəlùːʃən/ 名 決議；決意；断固たる気性．
resolv**able** /rɪzálvəbl/ 形 分解できる，溶解性の．
resolv**ed** /rɪzálvd/ 形 決心した，決意の固い．
resolv**ent** /rɪzálvənt/ 形 分解する，溶解する；名 分解物；溶解剤．

③ dissolve* /dɪzálv/ ＜ dis（別々に）＋ solve（解く）＞

動 溶かす；溶ける；解散する：**Dissolve** sugar in hot water 砂糖をお湯に溶かしなさい．
disso**lution** /dìsəlúːʃən/ 名 解散；解消；崩壊，消滅．
disso**lute** /dísəluːt/ 形 ふしだらな．

④ **solvent** /sálv(ə)nt/ ＜ solv (解く) + ent (…の) ＞

形 支払い能力のある；溶解する力がある：We need to make sure that the company is **solvent**. その会社に支払い能力のあることを我々は確かめる必要がある．
（⇔ **in**solvent 形 支払い不能の，破産した）── 名 溶材，溶媒．
solvency /sálv(ə)nsi/ 名 支払い能力，資力．（⇔ **in**solvency 名 支払い不能，破産）

その他の同語源の語

⑤ **absolve** /əbzálv/ 動 （人）の責任を免じる；（人）に罪の許しを与える（←…から解き放す）．
absolution /æbsəlúːʃən/ 名 罪の許し，免罪．

⑥ **absolute*** /ǽbsəlùːt/ 形 絶対的な，全くの（←解き放された）．
absolutely /ǽbsəlùːtli/ 副 全く，完全に．

⑦ **soluble** /sáljʊbl/ 形 （水などに）溶ける，溶けやすい；（問題が）解ける．

speci (種) = sort

① **speci**es 　　種
② **speci**al 　　（特別な種の）→特別な
③ **speci**fy 　　（特殊化する）
　　　　　　　　→詳しく述べる
④ **speci**men 　（特有の印）→標本

ちょうの標本 (specimen)

例文・派生語

① species* /spíːʃiːz/

名〖生物〗種: The giant panda is an endangered **species** ジャイアントパンダは絶滅の危機にある種である.

② special** /spéʃəl/ ＜ speci (種) + al (…に特有の) ＞

形 特別の，特殊な；専門の；臨時の；独特の: We have food like this only on **special** occasions. このような料理は特別の場合にしか食べません.
── 名 特別な人［物］，特派員.
special**ize** /spéʃəlàɪz/ 動 専門にする，専攻する.
special**ized** /spéʃəlàɪzd/ 形 専門的な，専門化して.
special**ization** /spèʃəlɪzéɪʃən/ 名 特殊化，専門化，専攻.
special**ty** /spéʃəlti/,《英》special**ity** /spèʃiǽləti/ 名 専門，専攻；特製品，特産品.
special**ist** /spéʃ(ə)lɪst/ 名 専門家，専門医.
special**ly** /spéʃəli/ 副 わざわざ，特別に；特に，とりわけ.
especial**ly** /ɪspéʃəli/ 副 特に，特別に，とりわけ.

③ specify* /spésəfàɪ/ ＜ speci (種) + fy (…にする) ＞

動 詳しく述べる，明言する，指定する: He **specified** the reasons for the machine's breakdown. 彼はその機械が故障した理由を詳しく述べた.
specif**ic** /spɪsífɪk/ 形 特定の；明確な；特有の；名 [～s] 細目，詳細.
specif**ication** /spèsəfɪkéɪʃən/ 名 明細書，設計書；詳しく述べること，詳述.

> 語根

specific**ally** /spɪsífɪkəli/ 副 特に，とりわけ；明確に，はっきりと．

④ **specimen*** /spésəmən/

名 標本；〔医学〕検体；見本，実例：These rare **specimens** were collected in tropical areas. これらの珍しい標本は熱帯地方で採集されたものです．

その他の同語源の語

⑤ **spec**ious /spíːʃəs/ 形 もっともらしい（が偽りの）（←外見の←種の）．
⑥ **spice*** /spáɪs/ 名 薬味，香辛料，スパイス；面白み（←分類された品物）．

125

spire（息をする）= breathe

① **spir**it （息をすること→生命）→精神
② in**spire** （…に息を吹き込む）
　　　　　→奮い立たせる
③ ex**pire** （息を出し尽くす）
　　　　　→期限切れとなる
④ a**spire** （…に向かって息をする）
　　　　　→熱望する

息をする

例文・派生語

① **spirit**** /spírɪt/ ＜ spirit（息をすること→生命）＞

名 精神，霊，心；気分；活気；霊魂；アルコール：Exercise has a positive effect on your **spirit** as well as your body. 運動は肉体と同様精神にもよい効果をもたらす.
spirit**ual** /spírɪtʃuəl/ 形 精神的な，霊的な；名 黒人霊歌.
spirit**uality** /spìrɪtʃuǽləti/ 名 精神的であること，霊性.
spirit**ually** /spírɪtʃuəli/ 副 精神的に. spirit**ualism** /spírɪtʃuəlìzm/ 名 降神術，降霊術.
spirit**ed** /spírɪtɪd/ 形 元気のよい，活気のある.
spirit**uous** /spírɪtʃuəs/ 形 アルコールを含む.

② **inspire*** /ɪnspáɪɚ/ ＜ in（…の中に）＋ spire（息をする）＞

動 奮い立たせる，鼓舞する；霊感を与える；吹き込む：His speech **inspired** millions of people. 彼の話は何百万もの人々を奮い立たせた.
inspir**ation** /ìnspəréɪʃən/ 名 霊感，インスピレーション；刺激となるもの［人］.
inspir**ational** /ìnspəréɪʃ(ə)nəl/ 形 霊感を与える；励ましとなる.
inspir**ing** /ɪnspáɪ(ə)rɪŋ/ 形 奮い立たせるような，やる気を起こさせる.
inspir**ed** /ɪnspáɪɚd/ 形 霊感を受けた；見事な，素晴らしい.

③ **expire*** /ɪkspáɪɚ/ ＜ ex（外に）＋ spire（息をする）＞

動 期限切れとなる，失効する；満期になる；息を引き取る；《医学》息を吐く：

My driver's license **expires** next month. 私の運転免許証は来月期限切れとなる.
expir**ation** /èkspəréɪʃən/ 名 満期，終了；期限切れ.

④ **aspire** /əspáɪɚ/ ＜ a (= ad…の方へ) ＋ spire (息をする) ＞

動 熱望する，切望する：She **aspires** to be an actress. 彼女は女優になることを熱望している.
aspir**ation** /æspəréɪʃən/ 名 抱負，大志，熱望.
aspir**ing** /əspáɪ(ə)rɪŋ/ 形 向上心に燃えている，志している.

その他の同語源の語

⑤ con**spire** /kənspáɪɚ/ 動 陰謀を企てる，共謀する (←息を合わせる).
conspir**acy** /kənspírəsi/ 名 陰謀，共謀.
conspir**ator** /kənspírətɚ/ 名 陰謀者，共謀者.
⑥ tran**spire** /trænspáɪɚ/ 動 (秘密が)漏れる，(事件が)明るみに出る；(植物の水分が)発散する (←…を越えて息をする).
⑦ per**spire** /pɚspáɪɚ/ 動 汗をかく，汗ばむ (←皮膚を通して呼吸する).
perspir**ation** /pɚːspəréɪʃən/ 名 発汗；汗.
⑧ re**spire** /rɪspáɪɚ/ 動 呼吸する (←再び息をする).
respir**ation** /rèspəréɪʃən/ 名 〖医学〗呼吸.
respir**ator** /résпərèɪtɚ/ 名 人工呼吸装置；防毒マスク.
⑨ su**spire** /səspáɪɚ/ 動 嘆息する；呼吸する (←下に向かって息をする).
⑩ **spir**acle /spírəkl/ 名 〖動物〗(鯨の)噴気孔，(昆虫の)気門 (←息をするための小さなもの).
⑪ **esprit** /esprí/ 名 精神；機知，才気 (← spirit に相当するフランス語).
⑫ **spri**ghtly /spráɪtli/ 形 活発な；(老人が)元気な (←息をする).

spond (応じる) = answer

① re**spond** (約束に応じる)→反応を示す
② re**spon**sible (応じられる)→責任がある
③ **spon**sor (約束する人→保証人)
　　　　　　　　→スポンサー(になる)
④ corre**spond** (共に応じる)→一致する
⑤ **spon**taneous (自分の意思に応じた)→自発的な

例文・派生語

① respond** /rɪspánd/ ＜ re (応えて) + spond (応じる)＞

動 反応を示す, 応じる；答える, 応答する；効き目を示す：The audience re-sponded enthusiastically to his performance. 彼の演技に観客は熱狂的な反応を示した.
respon**se** /rɪspáns/ **名** 反応, 反響；返答.
respons**ive** /rɪspánsɪv/ **形** すぐに反応する, 敏感な；(しぐさが) 応答してなされた.

② responsible** /rɪspánsəbl/ ＜ re (応えて) + spons (応じる) + ible (…できる)＞

形 責任がある, 原因である；信用できる；責任の重い：I am **responsible** to my employer for the quality of my work. 自分の仕事の質に関して私は雇い主に対して責任がある.
　(⇔ **ir**responsible /ìrɪspánsəbl/ **形** 無責任な, 責任感のない；責任を問われない)
responsib**ility** /rɪspànsəbíləti/ **名** 責任, 責務；職務.
　(⇔ **ir**responsibility **名** 無責任)

③ sponsor* /spánsɚ/ ＜ spons (応じる) + or (人)＞

名 スポンサー；後援者；保証人：A major insurance firm is the **sponsor** of this program. 大きな保険会社がこの番組のスポンサーです.
── **動** スポンサーになる；後援する：The race is jointly **sponsored** by the two

companies. そのレースは2つの会社が共同してスポンサーになっている
sponsorship /spánsɚʃɪp/ 名 スポンサー[保証人]であること；資金支援．

④ **correspond*** /kɔ̀ːrəspánd/ ＜ cor (= con 共に) + respond (応じる) ＞

動 一致する，調和する；相当する；文通する：His prediction **corresponded** with what actually happened later. 彼の予言は後に実際に起こったことと一致した．
correspondence /kɔ̀ːrəspándəns/ 名 文通，通信；一致，調和；対応．
correspondent /kɔ̀ːrəspándənt/ 名 通信員，特派員；文通者．
corresponding /kɔ̀ːrəspándɪŋ/ 形 対応する，それ相応の．
correspondingly /kɔ̀ːrəspándɪŋli/ 副 対応して，それに相応して．

⑤ **spontaneous*** /spɑntéɪniəs/ ＜ spont (応じる) + an (…の性質の) + ous (…の) ＞

形 自発的な，任意の，無意識的な；自然発生的な：He made a **spontaneous** offer of help. 彼は自発的な援助を申し出た．
spontaneity /spɑ̀ntənéɪəti/ 名 自発性；自然さ．
spontaneously /spɑntéɪniəsli/ 副 自発的に；自然に．

その他の同語源の語

⑥ **despond** /dɪspánd/ 動 落胆する，しょげる(←断念する←応じない)．
despondent /dɪspándənt/ 形 落胆した，気落ちした．
despondency /dɪspándənsi/ 名 落胆，気落ち，意気消沈．
⑦ **sponsion** /spánʃən/ 名 保証，請合い(←約束すること)．

sting（刺す）

① **sting** （蜂などが）刺す
② di**sting**uish （刺して分ける）
　　　　　　　→区別する
③ ex**ting**uish （刺して外へ出す）
　　　　　　　→（火）を消す
④ ex**tinc**t （刺して出された）
　　　　　　　→絶滅した
⑤ in**stinc**t （上に刺す→駆り立てる）
　　　　　　　→本能

sting

例文・派生語

① sting* /stíŋ/

動 （蜂などが）刺す，とげで刺す；ぴりっと痛む：A bee **stung** the child on the arm. 蜂がその子の腕を刺した. ── **名** （蜂の）針；（蛇の）毒牙；刺された傷. sting**er** /stíŋɚ/ **名** （蜂の）針.

② distinguish* /dɪstíŋ(g)wɪʃ/ ＜ dis（離れて）＋ sting（刺す）＋ ish（…する）＞

動 区別する，見［聞き］分ける；…の特徴を示す；はっきりと認める：Can you **distinguish** between American English and British English? アメリカ英語とイギリス英語を区別することができますか.
distin**ction** /dɪstíŋ(k)ʃən/ **名** 区別；特徴.
distin**ctive** /dɪstíŋ(k)tɪv/ **形** 区別を示す，特有の.
distinct /dɪstíŋ(k)t/ **形** はっきりした，明瞭な；別の. (⇔ **in**distinct **形** 不明瞭な)
distinct**ly** /dɪstíŋ(k)tli/ **副** はっきりと，明確に. (⇔ **in**distictly **副** ぼんやりと)
distinguish**able** /dɪstíŋ(g)wɪʃəbl/ **形** 区別できる.
(⇔ **in**distinguishable **形** 区別できない)
distinguish**ed** /dɪstíŋ(g)wɪʃt/ **形** 著名な，名高い，優れた；威厳のある.

語根

③ **extinguish** /ɪkstíŋgwɪʃ/ ＜ex（外へ）＋ sting（刺す）＋ ish（…する）＞

動 （火）を消す；（希望）を失わせる：It took firefighters an hour to **extinguish** the blaze. 消防士がその火事を消すのに一時間かかった．
extinguish**er** /ɪkstíŋgwɪʃɚ/ 名 消火器．

④ **extinct** /ɪkstíŋ(k)t/ ＜ex（外へ）＋ stinct（刺された）＞

形 絶滅した；消滅した；廃止になった：We found a fossil of an **extinct** animal. 私たちは絶滅した動物の化石を見つけた．
extinc**tion** /ɪkstíŋ(k)ʃən/ 名 絶滅，消滅．

⑤ **instinct*** /ínstɪŋ(k)t/ ＜in（上に）＋ stinct（刺された）＞

名 本能；天性，生まれながらの才能；直感：Fish swim by **instinct**. 魚は本能で泳ぐ．
instinct**ive** /ɪnstíŋ(k)tɪv/ 形 本能的な，天性の；直感的な．

その他の同語源の語

⑥ **sti**mulate* /stímjʊlèɪt/ 動 刺激する；活気づける；興奮させる（←突き棒で突く）．
stimula**tion** /stìmjʊléɪʃən/ 名 刺激する［される］こと，興奮．
stimul**us** /stímjʊləs/ 名 刺激，励み．
stimul**ant** /stímjʊlənt/ 名 興奮剤；刺激剤．

⑦ **stick*** /stík/ 動 突き刺す；（のりで）貼る；突き刺さる；くっつく．
stick**y** /stíki/ 形 ねばねばする，べとべとする；厄介な；蒸し暑い．

⑧ **stick*** /stík/ 名 棒きれ；ステッキ，杖；棒状のもの（←突き刺すもの）．

⑨ **sti**tch* /stítʃ/ 名 ひと針；縫い方，ステッチ（←刺した小さな穴）．

⑩ **in**stigate /ínstɪgèɪt/ 動 そそのかす，扇動する（←…の方に突き刺す）．

⑪ **sti**gma /stígmə/ 名 汚名，恥辱（←刺した傷跡）．

⑫ **stake*** /stéɪk/ 名 くい；利害関係；賭け金（←突き刺すもの）．

⑬ **sto**ckade /stɑkéɪd/ 名 防御柵（←くいを並べて作ったもの）．

⑭ **style**** /stáɪl/ 名 やり方；様式；流行，スタイル；表現の仕方（←先の尖った鉄筆）．

⑮ **sty**lus /stáɪləs/ 名 レコード針；鉄筆，スタイラス．

sult (跳ぶ) = leap

① re**sult**　（元に跳ね返る）→結果
② in**sult**　（…に跳びかかる）
　　　　　　→侮辱する
③ as**sault**　（…に跳びかかること）
　　　　　　→襲撃

salmon

例文・派生語

① result** /rɪzʌ́lt/　＜ re (元に) ＋ sult (跳ぶ) ＞

名 結果；成績： The **result** of the election will be announced tomorrow. 選挙の結果はあす発表される．── 動 (…の)結果になる；結果として生じる．

② insult* /ɪnsʌ́lt/　＜ in (…の上に) ＋ sult (跳ぶ) ＞

動 侮辱する： She **insulted** him by calling him incompetent. 彼女は彼を無能だと言って侮辱した．── 名 /ínsʌlt/ 侮辱，無礼．
insult**ing** /ɪnsʌ́ltɪŋ/ 形 侮辱的な，無礼な．

③ assault* /əsɔ́ːlt/　＜ as (= ad…の方に) ＋ sault (跳ぶ) ＞

名 襲撃，急襲；暴行： The **assault** destroyed the enemy. 襲撃によって敵は壊滅した．── 動 襲撃する；暴行する，強姦する．

その他の同語源の 語

④ **ex**ult /ɪgzʌ́lt/ 動 大喜びする，有頂天になる（←跳び上がる）．
⑤ **sal**mon* /sǽmən/ 名 鮭（←跳ぶ魚）．
⑥ **sal**ient /séɪliənt/ 形 顕著な，目立った（←跳ねている）．
⑦ as**sail** /əséɪl/ 動 激しく攻撃する，襲う（←…に飛びつく）．
⑧ **sau**té /soːtéɪ/ 名 ソテー；動 ソテーにする（←(油でいためたとき)跳ねた）．

> 語根

tech (技術) = art

① **tech**nology （技術の学問）→科学技術
② **tech**nique （技術に関する）→技術
③ archi**tect**ure （大工の頭(かしら)のもの）→建築様式

例文・派生語

① **tech**nology** /teknálədʒi/ ＜ tech（技術）＋ logy（…学）＞

名 科学技術, テクノロジー, 工学; 技術: Advances in **technology** have done much to erase the boundaries between national economies. 科学技術の進歩は各国経済間の境界をなくすのに大いに貢献した.
techno**logical** /tèknəládʒɪkəl/ 形 科学技術の.
techno**logist** /teknálədʒɪst/ 名 科学技術者.

② **tech**nique* /tekníːk/ ＜ tech（技術）＋ ique（= ic…に関する）＞

名 技術; 手法, テクニック, 技巧: Some of the **techniques** of astronomy were inherited from astrology. 天文学の技術の中には占星術から受け継がれたものもある.
techn**ical** /téknɪk(ə)l/ 形 専門の; 技術上の.
techn**ician** /tekníʃən/ 名 技術者; 技巧家.

③ **architecture*** /ɑ́ɚkətèktʃɚ/ ＜ archi（頭(かしら)）＋ tect（技術, 大工）＋ ure（もの）＞

名 建築様式; 建築学: The **architecture** of this church is from the 18th century. この教会の建築様式は18世紀からのものです.
architect**ural** /ɑ̀ɚkətéktʃ(ə)rəl/ 形 建築学[上]の.
architect /ɑ́ɚkətèkt/ 名 建築家（←大工の棟梁(とうりょう)）.

その他の同語源の語

④ **tech**nocracy /teknákrəsi/ 名 技術者支配, 技術主義, テクノクラシー.

tempo (時) = time

① **tempo** (時) → テンポ
② **tempo**rary (時の) → 一時の
③ con**tempo**rary (時を共にする) → 現代の
④ **temp**erature (季節→寒暖の状態) → 気温
⑤ **temp**erate (季節→調節した) → 温暖な
⑥ **temp**est (季節→天候) → 大嵐（おおあらし）
⑦ **temp**erament (季節→調節) → 気質
⑧ **temp**er (季節→調節→気質) → かんしゃく

例文・派生語

① **tempo** /témpoʊ/ ＜イタリア語の tempo（時）より＞

名 テンポ，速さ，調子：The music changed in **tempo**. 音楽はテンポが変わった．

② **temporary*** /témpərèri/ ＜ tempo（時）+ ary（…の）＞

形 一時の，臨時の，仮の：He found **temporary** solace in classical music. 彼はクラシック音楽に一時の慰めを見出した．
temporar**ily** /tèmpərérəli/ 副 一時的に，仮に．

③ **contemporary*** /kəntémpərèri/ ＜ con（共に）+ tempo（時）+ ary（…の）＞

形 現代の；その当時の，同じ時代の：The exhibition features paintings by con-temporary artists. その展覧会は現代の画家による絵画を特集している．
—— 名 同時代の人；同期生．

④ **temperature**** /témp(ə)rətʃùə/ ＜ temperat（季節→調節した）+ ure（状態）＞

名 温度，気温；体温，熱：The **temperature** fell below zero during the night. 気温は夜の間に氷点下に下がった．

> 語根

⑤ **temperate** /témp(ə)rət/ ＜ temper（季節→調節）＋ ate（…化した）＞

形 温暖な，温和な；節度のある，穏健な：An abundance of fruits and vegetables grow in Kenya's **temperate** climate. ケニアの温暖な気候で果物と野菜が豊富に育つ．
　（⇔ **in**temperate 形 不節制な；大酒を飲む）
temper**ance** /témp(ə)rəns/ 名 節制，自制；禁酒．
　（⇔ **in**temperance 名 不節制；暴飲）

⑥ **tempest** /témpəst/

名 大嵐，暴風雨；大騒ぎ：The wind grew to a **tempest**. その風は次第につのり大嵐になった．tempest**uous** /tempéstʃuəs/ 形 大荒れの，激動の；大嵐の．

⑦ **temperament** /témp(ə)rəmənt/ ＜ temper（季節→調節）＋ ment（状態）＞

名 気質，気性：He has a joyous and happy **temperament**. 彼は陽気で愉快な気質だ．
temperament**al** /tèmp(ə)rəméntl/ 形 気まぐれな；調子が一定でない；気質上の．

⑧ **temper*** /témpɚ/

名 かんしゃく，短気；気質；気分：He has quite a **temper**. 彼は大変なかんしゃく持ちだ．── 動 調節する．
distemper /dɪstémpɚ/ 名 ジステンパー《犬・うさぎの伝染病》（←機嫌が悪い）．

その他の同語源の語

⑨ **tempo**ral /témp(ə)rəl/ 形 世俗の；時の，時間の；《文法》時制の．
⑩ **tempo**rize /témpəràɪz/ 動 一時しのぎをする，時を稼ぐ．
⑪ con**tempo**raneous /kəntèmpəréɪnɪəs/ 形 同時の；同時代の．
⑫ ex**tempo**re /ɪkstémpəri/ 副 準備なしで，即興的に；形 準備なしの（←臨時に）．
　extemporize /ɪkstémpəràɪz/ 動 即興演説をする，即興演奏をする．
⑬ **tense** /téns/ 名 《文法》時制．

trai (引く) = draw

① **trai**n （引き続くもの）→列車
② **trai**l 引きずる
③ **trai**ler （引きずるもの）
　　　　　　→トレーラー
④ por**trai**t （線を引いた→描かれたもの）
　　　　　　→肖像画
⑤ **trai**t （線を引いた→筆づかい）
　　　　　　→特性

スカートを
引きずる(trail)

例文・派生語

① train** /tréɪn/ ＜ train（引きずる→列を成して続くもの）＞

名 列車；列；つながり： He will go home on the 7:30 **train**. 彼は7時半の列車で家へ帰る. ── **動** 訓練する, 教育する, 鍛える（←従わせる←引っ張っていく）.

> ★いくつかの車両が連なった電車や汽車を train といい, 1台の車両は《米》では car,《英》では carriage または coach と言う.

train**ing** /tréɪnɪŋ/ **名** 訓練, トレーニング；養成, 練習.
train**er** /tréɪnɚ/ **名** 調教師, トレーナー, コーチ.
train**ee** /trèɪníː/ **名** 訓練を受ける人, 実習生.
train**ed** /tréɪnd/ **形** 訓練を受けた.

② trail* /tréɪl/

動 引きずる；引きずっていく；後について行く： In those days, women let their skirts **trail** the floor. 当時, 女性はスカートを床に引きずっていた
── **名** 道, 小道；引きずった跡；跡.

③ trailer* /tréɪlɚ/ ＜ trail（引きずる）＋ er（…するもの）＞

名 トレーラー；移動住宅, トレーラーハウス；予告編： We loaded the **trailer** with camping equipment. 私たちはトレーラーにキャンプ用具を積み込んだ.

④ **portrait*** /pɔ́ərtrət/ ＜por (= pro 前に) + trait (線を引いた→描かれた)＞

名 肖像画, 肖像写真：Mrs. White had her **portrait** done. ホワイト夫人は自分の肖像画を描いてもらった.

por**tray** /pɔərtréɪ/ **動** 肖像を描く；役を演じる.
por**tray**al /pɔərtréɪəl/ **名** 描写, 記述.
portraiture /pɔ́ərtrətʃər/ **名** 肖像画法.
portraitist /pɔ́ərtrətɪst/ **名** 肖像画家.

⑤ **trait** /tréɪt/

名 特性, 特色, 特徴：All humans possess this **trait**. すべての人間がこの特性を持っている.

その他の同語源の語

⑥ **trac**e* /tréɪs/ **動** 跡をたどる；描く；**名** 跡；形跡(←線を引く).
⑦ **track**** /trǽk/ **名** 小道, 通路；(競技場の)トラック；軌道；通った跡(←引っぱる).
⑧ **trig**ger* /trɪ́gər/ **名** (銃の)引き金；[動] きっかけとなる(←引くもの).
⑨ **treat**** /tríːt/ **動** 扱う；治療する；論じる；おごる；**名** 楽しいこと；おごり(←取り引きする).
　treatment /tríːtmənt/ **名** 治療；取り扱い.
⑩ **treat**y** /tríːti/ **名** 条約, 協定(←交渉で決めること←引き合うこと).
⑪ re**treat*** /rɪtríːt/ **動** 後退する, 退却する；**名** 退却(←後ろへ引く).
⑫ en**treat** /ɪntríːt/ **動** 嘆願する, 熱心に頼む(←中に引き込む).
⑬ **treat**ise /tríːtɪs/ **名** (学術)論文(←論じたもの←取り引き).
⑭ mal**treat** /mæltríːt/ **動** 虐待する, 酷使する(←悪く扱う).
　mal**treat**ment /mæltríːtmænt/ **名** 虐待, 酷使.
⑮ mis**treat** /mìstríːt/ **動** 虐待する, 酷使する(←悪く扱う).
⑯ ill-**treat** /íltríːt/ **動** 虐待する, 冷遇する(←悪く扱う).

use (使用する)

① **use** 使う；使用
② **use**ful （用途に満ちた）→役に立つ
③ **us**ual （使っている）→いつもの
④ ab**use** （逸脱して使用する）→乱用；虐待する
⑤ mis**use** （誤って使用する）→誤用する

例文・派生語

① use** /júːz/

【動】使う，用いる，使用する；働かせる：The baby cannot **use** a spoon yet. この赤ん坊はまだスプーンが使えない.

— 【名】/júːs/ 使用，利用，使い方；用途；効用；使用の自由：The **use** of guns is not allowed in this country. 拳銃の使用はこの国では許されていない.

　　（⇔ **dis**use /dɪsjúːs/ 【名】不使用，廃止）
usage /júːsɪdʒ/ 【名】語法，慣用法；使用法，使用.

② useful** /júːsf(ə)l/ ＜ use（用途）＋ ful（…に満ちた）＞

【形】役に立つ，有用な：This guidebook is very **useful** to tourists. この案内書は観光客に大変役に立つ．（⇔ **use**less 【形】役に立たない，無用な；無駄な）
usefulness /júːsf(ə)lnəs/ 【名】役に立つこと，有用.
usefully /júːsfəli/ 【副】役に立つように，有効に.

③ usual** /júːʒuəl/ ＜ use（使用する）＋ al（…に関する）＞

【形】いつもの，通常の，普通の：He sat in his **usual** chair. 彼はいつもの椅子に座った．

　　（⇔ **un**usual 【形】普通でない，異常な；まれな，珍しい）
usually /júːʒuəli/ 【副】普通は，通常.
（⇔ **un**usually 【副】異常に；珍しいことに；非常に）

> 語根

④ **abuse*** /əbjúːs/ ＜ ab（逸脱して）＋ use（使用（する））＞

名 乱用，悪用；虐待，酷使：Drug **abuse** is a social disease. 麻薬の乱用は社会の病だ．
—— **動** /əbjúːz/ 虐待する，酷使する；乱用する，悪用する：They were accused of **abusing** their child. 彼らは子供を虐待したと訴えられた．
ab**us**ive /əbjúːsɪv/ **形** 虐待する；口汚い，ののしる．

⑤ **misuse** /mìsjúːz/ ＜ mis（誤って，悪く）＋ use（使用（する））＞

名 誤用する，悪用する；虐待する，酷使する：This phrase has often been **misused**. この言い回しはしばしば誤用されてきた．—— **名** /mìsjúːs/ 誤用，悪用．

その他の同語源の語

⑥ per**use** /pərúːz/ **動** 熟読する，精読する（←使い果たす）．
　per**us**al /pərúːz(ə)l/ **名** 熟読，精読．
⑦ **us**urp /juːsˈɚːp/ **動**（権力・地位）を奪う，強奪する，横領する（←奪って使う）．
　usurp**ation** /jùːsɚpéɪʃən/ **名** 権利侵害，横領．
⑧ **util**ity* /juːtíləti/ **名**（家庭の）諸施設，公共施設；有用性（←使えること）．
　utilize /júːtəlàɪz/ **動** 利用する，活用する．
　utiliz**ation** /jùːtəlɪzéɪʃən/ **名** 利用，活用．
　utili**tarian** /jùːtìləté(ə)riən/ **形** 実利的な，実用の；功利主義の．
⑨ **ut**ensil /juːténs(ə)l/ **名** 用具，道具（←使用に適したもの）．
⑩ **us**ury /júːʒ(ə)ri/ **名** 高利貸し業（←使用する集団）．
　usurer /júːʒ(ə)rɚ/ **名** 高利貸し．
　usurious /juʒúː(ə)riəs/ **形** 高利の，暴利の．

vac (空の) = empty

① **vac**ancy （空の状態）→空き部屋
② **vac**ation （空にすること）→休暇
③ **vac**uum （空の）→真空
④ e**vac**uate （空にする）→避難させる
⑤ **va**st （何もない）→広大な
⑥ **va**in （空の）→うぬぼれの強い
⑦ **va**nish （空になる）→消える

例文・派生語

① vacancy* /véɪk(ə)nsi/ ＜ vac（空の）+ ancy（状態）＞

名 空き部屋；空席：Are there any **vacancies** in this hotel? このホテルには空き部屋はありますか．
vacant /véɪk(ə)nt/ 形 空いている；空席の．

② vacation* /veɪkéɪʃən/ ＜ vac（空の）+ ation（…にすること）＞

名 休暇，休日；休み：I'd like to take a two-week **vacation** this summer. 今年の夏は2週間の休暇を取りたい．
vacationer /veɪkéɪʃ(ə)nɚ/ 名 休日の行楽客．

③ vacuum* /vǽkjʊm/

名 真空；電気掃除機；空白：Does sound travel in a **vacuum**? 音は真空中を伝わるだろうか．── 動 掃除機で掃除する．

④ evacuate* /ɪvǽkjuèɪt/ ＜ e (= ex 外に) + vac（空の）+ ate（…にする）＞

動 避難させる，疎開させる，立ち退かせる：Residents were **evacuated** because of a danger of flooding. 住民たちは洪水の危険のために避難させられた．
evacuation /ɪvækjuéɪʃən/ 名 避難，疎開，撤退．
evacuee /ɪvækjuíː/ 名 疎開者，避難民．

⑤ **vast**** /vǽst/

形 広大な；非常に大きい，非常な：Texas is a **vast** state. テキサスは広大な州だ.
vastly /vǽstli/ 副 非常に，大いに.
vastness /vǽstnəs/ 名 巨大さ，広大さ；膨大.

⑥ **vain*** /véɪn/

形 うぬぼれの強い，虚栄心の強い；無駄な：He is a **vain** man who is often proud of his knowledge. 彼は知識のあることをよく自慢するうぬぼれの強い男だ.
vanity /vǽnəti/ 名 虚栄心；むなしさ.
vainly /véɪnli/ 副 無駄に，むなしく.

⑦ **vanish*** /vǽnɪʃ/ ＜ van（空の）+ ish（…になる）＞

動 消える；消滅する，なくなる：The plane suddenly **vanished** from the radar. その飛行機は突然レーダーから消えた.

その他の同語源の語

⑧ de**va**state /dévəstèɪt/ 動（国土）を荒らす；大損害を与える（←完全に空にする）.
　devastating /dévəstèɪtɪŋ/ 形 壊滅的な；痛烈な.
　devastation /dèvəstéɪʃən/ 名 荒廃.
⑨ **vac**ate /véɪkeɪt/ 動（家・席）を空ける；（職）を退く（←空にする）.
⑩ **vac**uity /vækjúːəti/ 名 愚かさ，無意味さ（←空の状態）.
⑪ **vac**uous /vǽkjuəs/ 形 うつろな，ぼんやりした；目的のない（←空の）.
⑫ e**va**nescence /èvənés(ə)ns/ 名 消失；はかなさ（←消えていくこと）.
⑬ a**vo**id** /əvɔ́ɪd/ 動 避ける，予防する；敬遠する（←空にする）.
　avoidance /əvɔ́ɪdəns/ 名 避けること，回避，逃避.
⑭ **vo**id /vɔ́ɪd/ 形 欠いている；無効の；名 空虚感；動 無効にする（←空の）.
⑮ de**vo**id /dɪvɔ́ɪd/ 形 欠けている（←完全に空の）.
⑯ ine**vit**able* /ɪnévətəbl/ 形 避けることができない，必然の（←空にできない）.

valu (価値) = value

① **val**ue　　価値
② **evalu**ate　（価値を見きわめる）→評価する
③ in**valu**able　（価値を計れないほどの）→非常に貴重な
④ de**value**　（価値を下げる）→（通貨）の平価を切り下げる
⑤ **val**id　（価値のある）→有効な
⑥ in**val**id　（強くない状態）→病人

例文・派生語

① **value*** /vǽljuː/　< value (強い→価値) >

名 価値，価格；値打ち，報い：The fact that the work is unsigned impairs its **value**. その作品に署名がないことがその価値を落としている．
— 動 尊重する，大切にする．
valu**able** /vǽljuəbl/ 形 高価な，価値のある．（⇔ value**less** 形 価値のない）
valu**ation** /væ̀ljuéɪʃən/ 名 評価，査定；評価額．

② **evaluate*** /ɪvǽljuèɪt/　< e (= ex 外へ) + valu (価値) + ate (…にする) >

動 評価する，値踏みする：How do you **evaluate** his ability? 彼の能力をどう評価しますか．evalu**ation** /ɪvæ̀ljuéɪʃən/ 名 評価，値踏み．

③ **invaluable*** /ɪnvǽljuəbl/　< in (…ない) + valu (価値) + able (…できる) >

形 非常に貴重な，きわめて役に立つ：The Internet is an **invaluable** source of information. インターネットは非常に貴重な情報源である．

④ **devalue** /dìːvǽljuː/　< de (下に) + value (価値) >

動 （通貨）の平価を切り下げる；（人・作品）をけなす：The government have **devalued** the dollar. 政府はドルの平価を切り下げた．
de**valu**ation /dìːvæ̀ljuéɪʃən/ 名 平価切り下げ．

語根

⑤ **valid** /vǽlɪd/ ＜ val（価値のある）＋ id（状態の）＞

形 有効な；法的に効力のある；妥当な：This ticket is **valid** for seven days. この切符は7日間有効です．（⇔ **in**valid /ɪnvælɪd/ 形 法律的に無効な）
validity /vəlídəti/ 名 正当性，妥当性；〖法律〗効力，合法性，有効性．
validate /vǽlədèɪt/ 動 …の正当性を立証する；法的に有効とする．
　（⇔ **in**validate 動 無効にする，失効させる）

⑥ **invalid** /ínvəlɪd/ ＜ in（…ない）＋ val（強い）＋ id（状態）＞

名 病人，病弱者：My father is a wheelchair-bound **invalid**. 私の父は車いすから離れられない病人です．
── 形 病弱な，病身の；病人用の．

その他の同語源の語

⑦ equi**val**ent /ɪkwívələnt/ 形 同等の，同量の，相当する；名 同等物，相当量；同義語．（←等しい価値の；☞ equ の項）．
⑧ **val**iant /vǽljənt/ 形 雄々しい，勇敢な（←力のある）．
⑨ ambi**val**ent /æmbívələnt/ 形 相反する，どっちつかずの（←両方の価値のある；☞ ambi- の項）．
　　ambi**val**ence /æmbívələns/ 名 複雑な感情，どっちつかずの状態．
⑩ **val**or,《英》**val**our /vǽlər/ 名（戦闘での）勇気，武勇（←力のある）．
⑪ pre**vail** /prɪvéɪl/ 動 普及している；優勢になる（←…より力のある）．
　　pre**vail**ing /prɪvéɪlɪŋ/ 形 広く行われている，最も普通の．
　　pre**val**ent /prév(ə)lənt/ 形 流行している．
　　pre**val**ence /prév(ə)ləns/ 名 流行，普及．
⑫ a**vail** /əvéɪl/ 動 役に立つ；名 利益，効力（←価値がある）．
　　a**vail**able /əvéɪləbl/ 形 手に入れられる；利用できる．
⑬ counter**vail**ing /káʊntərvèɪlɪŋ/ 形 相殺（そうさい）するような（←対抗する価値のある）．

vide (見る) = see

① e**vide**nce （はっきり見えるもの）→証拠
② pro**vide** （前もって見ておく）→供給する
③ **vide**o （見ること）→ビデオ

例文・派生語

① **evidence**** /évədəns/ ＜ e (= ex 外に) + vide (見る) + ence (もの) ＞

名 証拠，証言： Is there any scientific **evidence** backing up his statement? 彼の言っていることを裏付けるような科学的証拠が何かありますか．
evident /évədənt/ **形** 明白な，明らかな．
evidently /évədəntli/ **副** 明らかに，明白に．

② **provide**** /prəváɪd/ ＜ pro (前もって) + vide (見る) ＞

動 供給する，提供する，与える；備えをする： The organization **provides** the disaster victims with food and clothes. その組織は被災者たちに食料と衣類を供給する．
provision /prəvíʒən/ **名** 供給；用意；食糧．
provisional /prəvíʒ(ə)nəl/ **形** 暫定的な，仮の．
providence /právədəns/ **名** 神，神の配慮（←先見）．
provident /právədənt/ **形** 先見の明のある，将来に対して備えのある，用心深い．
provided /prəváɪdɪd/ **接** 仮に…とすれば．
providing /prəváɪdɪŋ/ **接** もしも…ならば．

③ **video**** /vídioʊ/ ＜ video (見ること) ＞

名 ビデオ，ビデオテープ： I recorded the program on **video**. 私はその番組をビデオに録画した． ── **形** ビデオの，ビデオテープを利用した． ── **動** ビデオに録画する．
videotape /vídioʊtèɪp/ **名** ビデオテープ；**動** ビデオテープに録画する．
videocassette /vìdioʊkəsét/ **名** ビデオテープ．
videodisc /vídioʊdìsk/ **名** ビデオディスク《DVD, laser disc など》．

> 語根

その他の同語源の語

④ **invid**ious /ɪnvídɪəs/ 形 不愉快な，不公平な；ねたまれるような（←斜めに見る）．
⑤ **sur**vey** /sə́ːveɪ/ 名 調査；概観；動 /sə(ː)véɪ/ 質問する，調査する（←上から見る）．
　surveyor /səvéɪə/ 名 測量者，測量技師．
⑥ **sur**veillance /səvéɪləns/ 名 監視，見張り（←上から見ること）．
⑦ **pur**vey /pə(ː)véɪ/ 動 （食料品・情報）を調達する，提供する（←前もって見ておく）．
　purveyor /pə(ː)véɪə/ 名 （食料品の）納入業者．
⑧ **wis**e* /wáɪz/ 形 賢い，賢明な；博識の（←知っている←見る）．
　（⇔ **un**wise 形 思慮のない，愚かな）
　wisdom /wízdəm/ 名 賢いこと，賢明，知恵；知識．
　wisely /wáɪzli/ 副 賢明に，思慮深く；賢明にも．
　wisecrack /wáɪzkræk/ 名 警句，気の利いた言葉；いやみ．
⑨ **wit*** /wít/ 名 機知，ウィット，機転；知力，理知（←知っている←見る）．
　witty /wíti/ 形 機知に富んだ，才気のある．
　（⇔ **wit**less 形 無分別な，愚かな）
⑩ **wit**ness* /wítnəs/ 名 目撃者，証人；動 目撃する（←知っていること←見ること）．
　eyewitness /áɪwítnəs/ 名 目撃者，証人．
⑪ **pru**dence /prúːdəns/ 名 慎重さ，用心深さ（← pro**vid**ence（神の配慮←先見））．
　prudent /prúːdənt/ 形 慎重な，用心深い．

view (見る) = see

① **view** (見ること) →意見
② **re**view (再び見る(こと)) →再検討(する)
③ inter**view** (相互に見る(こと)) →面接(する)
④ pre**view** (前もって見ること) →試写会
⑤ **view**point (見る点) →観点

例文・派生語

① view** /vjúː/

名 意見；見方；見えること；眺め：I have no clear **views** on the matter. 私はその問題に関してはっきりとした意見は持っていません．
— **動** 考察する，考える．
view**er** /vjúːɚ/ **名** (テレビの)視聴者．

② review** /rɪvjúː/ ＜ re (再び)＋ view (見る) ＞

名 再検討；批評；評論誌；復習：This matter is subject to **review** every three months. この問題は3か月ごとに再検討する必要がある．
— **動** 再検討する，再調査する；批評する；復習する：They **reviewed** the plan to build a second runway. 彼らは第2の滑走路を造る計画を再検討した．
review**er** /rɪvjúːɚ/ **名** 批評家，評論家．

③ interview** /íntɚvjùː/ ＜ inter (相互に)＋ view (見る) ＞

名 面接，面談；インタビュー：My job **interview** is on October 6th. 私の就職の面接は10月6日です．
— **動** 面接する；インタビューする：It is my responsibility to **interview** all applicants. 応募者全員と面接するのは私の責任である．
interview**er** /íntɚvjùːɚ/ **名** 会見者；面接担当者；インタビューする人．
interview**ee** /ìntɚvjuːíː/ **名** 面接される人，面接受験者；インタビューされる人．

語根

④ **preview** /príːvjùː/ ＜pre（前もって）+ view（見る）＞

名 試写会，プレビュー；内覧：We will give a press **preview** of the film next week. 来週その映画の報道関係者向け試写会を開きます．
— 動 試写を見る；試写を見せる．

⑤ **viewpoint** /vjúːpòɪnt/ ＜view（見る）+ point（点）＞

名 観点，見地，見解：Try and think of it from an ecological **viewpoint**. それを生態学的な観点から考えてみなさい．

その他の同語源の 語

⑥ pur**view** /pə́ːvjuː/ 名 範囲，領域（←前もって見る視野）

amb*i*- (周りに) = around

① **amb**ition （歩き回ること）→ 大望
② **amb**ulance （動き回る病院）→ 救急車
③ **amb**iguous （両方の意味にとれる）
　　　　　　　→ あいまいな
④ **amp**hibious （両方に住む）→ 水陸両生の

ambulance

例文・派生語

① **ambition*** /æmbíʃən/　＜ ambi（周りに）＋ it（行く）＋ ion（こと）＞

名 大望，野心，野望：He achieved his **ambition** to become a great scholar. 彼は偉大な学者になるという大望を達成した．
amb**ition**us /æmbíʃəs/ **形** 大望を抱いている，野心的な：…を熱望している．
ambit**ious**ly /æmbíʃəsli/ **副** 野心的に，大規模に．

> ★昔ローマでは官職に立候補したものは白い服を着て街を歩き回った．このことから ambition は「歩き回ること」の意味から「（官職に就く）野心」の意味になった．

② **ambulance*** /ǽmbjʊləns/　＜ ambul（＝ amble 歩き回る）＋ ance（こと）＞

名 救急車：The sick person was rushed to the hospital in an **ambulance**. 病人は救急車で病院へ急送された．

③ **ambiguous** /æmbígjuəs/　＜ ambi（両方に）＋ guous（導く）＞

形 あいまいな，2つ以上の意味にとれる，どっちつかずの：You should avoid **ambiguous** expressions. あいまいな言い方を避けなさい．
ambigu**ity** /æmbəgjúːəti/ **名** あいまいさ，2つ以上の意味にとれること．

④ **amphibious** /æmfíbiəs/ ＜ amphi（両方に）＋ bio（生命）＋ ous（…の）＞

形 水陸両生の；陸海軍共同の；水陸両用の：Dinosaurs were probably the first ancestors of **amphibious** reptiles and fish. 恐竜はたぶん水陸両性の爬虫類と魚類の最初の祖先だったのだろう．

amph**ib**ian /æmfíbiən/ 名 両生動物；水陸両用飛行機，水陸両用車．

その他の同語源の語

⑤ **amb**le /ǽmbl/ 動 ゆっくり歩く，ぶらぶら歩く；名 ゆっくりした歩き（←周りを歩き回る）．

⑥ **amb**ience /ǽmbiəns/ 名 雰囲気，環境（←周りを囲むもの）．
ambient /ǽmbiənt/ 形 周囲の；名 環境音楽．

⑦ **ambi**dextrous /æ̀mbidékstrəs/ 形 左右両手が同等に使える．
ambidextrously /æ̀mbidékstrəsli/ 副 両手で；器用に．
ambidex**ter**ity /æ̀mbidekstérəti/ 名 両手利き；非凡な器用さ．

⑧ **ambi**valent /æmbívələnt/ 形 相反する，どっちつかずの（←両方の価値のある；☞ valu の項）．
ambivalence /æmbívələns/ 名 複雑な感情；どっちつかずの状態．

⑨ **amb**it /ǽmbɪt/ 名 （勢力）範囲，領域（←歩き回る所）．

⑩ **ambi**sexual /æ̀mbɪsékʃuəl/ 形 両性の；両性愛の；（服が）男女兼用の．

ante- (前に) = before

① **ant**icipate （先取りする）→予想する
② **ant**ique （前の→古い）→骨董品の
③ adv**ant**age （前にある状態）→有利な立場
④ adv**ant**ce （前の方)→進む；前進
⑤ **an**cient （前の→古い）→古代の

例文・派生語

① anticipate* /æntísəpèɪt/ ＜ ant（= ante 前に）+ cip（取る）+ ate（…する）＞

動 予想する，楽しみにして［不安な気持ちで］待つ；先手を打つ；先んじる: I **anticipated** that there would be trouble. 私は面倒なことになると予想した.
anticipa**tion** /æntìsəpéɪʃən/ **名** 予想，予期，期待.
anticipa**tory** /æntísəpətɔ̀:ri/ **形** 予期しての，見越しての.

② antique* /æntíːk/ ＜ anti（= ante 前に）+ ique（…の）＞

形 骨董品の: How much is this **antique** vase? この骨董品の花瓶はいくらですか.
── **名** 骨董品.
antiquity /æntíkwəti/ **名** 大昔，古代；古さ；古代の遺物.
antiquated /ǽntəkwèɪtɪd/ **形** 古くさい，旧式の.
antiquary /ǽntəkwéri/ **名** 古物研究家；骨董商.
antiquarian /æ̀ntəkwé(ə)rɪən/ **形** 古物研究の；**名** 古物研究家；骨董商.

③ advantage** /ədvǽntɪdʒ/ ＜ adv（= ab…から）+ ant（= ante 前に）+ age（状態）＞

名 有利な立場；利点，メリット；〔テニス〕アドバンテージ: We have the **advantage** over them. 我々は彼らより有利な立場にある.
　（⇔ **dis**advantage **名** 不利な立場，ハンディキャップ，デメリット）
advantage**ous** /æ̀dvæntéɪdʒəs/ **形** 有利な，都合のよい. （⇔ **dis**advantageous **形** 不利な）

> 接頭辞

advantage**ously** /ædvæntéɪdʒəsli/ 副 有利に．(⇔ **dis**advantageously 副 不利に)
disadvantage**d** /dìsədvǽntɪdʒd/ 形 (社会的に)不利な；貧しい，恵まれない．

④ **advance**** /ədvǽns/ ＜ ad (…の方へ) ＋ ance (= ante 前に) ＞

動 進む，前進する；進歩する；推進する：The enemy **advanced** against us. 敵は我々に向かって進んできた．
── 名 前進；進歩：Stop the **advance** of the enemy. 敵の前進を止めよ．
advanced /ədvǽnst/ 形 進歩した；高等の，上級の．
advancement /ədvǽnsmənt/ 名 進歩，向上，促進；昇進，昇級．
advancing /ədvǽnsɪŋ/ 形 前進する；(年齢が)進む．

⑤ **ancient*** /éɪnʃənt/ ＜ anci (= ante 前に) ＋ ent (…の) ＞

形 古代の，遠い昔の；古来の：This book describes a vivid picture of life in **ancient** Rome. この本は古代ローマの生活を生き生きと描いている．

その他の同語源の語

⑥ **ante**cedent /æntəsíːdənt/ 名 前例，先行者；《文法》先行詞(←先に行くもの)．
⑦ **ante**date /ǽntɪdèɪt/ 動 …より月日が前である，…より時代が前である．
⑧ **ante**rior /æntí(ə)riə/ 形 (時間・順序が)前の方の；《生物》(体の)前部の．
⑨ **an**cestor* /ǽnsestɚ/ 名 先祖，祖先(←先に行く人)．

bi- (2つ) = two

① **bi**cycle　　　（2つの輪）→自転車
② com**bi**ne　　　（2つを合わせる）
　　　　　　　　　→結合する
③ **bi**lingual　　　（2つの言語の）
　　　　　　　　　→2言語を話す
④ **bi**noculars　　（両眼用のもの）
　　　　　　　　　→双眼鏡
⑤ **bi**scuit　　　（2度焼かれたもの）
　　　　　　　　　→ビスケット

binoculars

例文・派生語

① bicycle* /báɪsɪkl/ ＜ bi（2つ）＋ cycle（輪）＞

名 自転車：Tom goes to school by **bicycle**. トムは自転車で通学している.
bicyclist /báɪsɪklɪst/ 名 自転車に乗る人.

② combine* /kəmbáɪn/ ＜ com（一緒に）＋ bine（2つ）＞

動 結合する，合併する；《化学》化合する：Hydrogen **combines** with oxygen to form water. 水素は酸素と結合して水になる.
combin**ation** /kàmbənéɪʃən/ 名 結合する[される]こと，組み合わせ.
combin**ed** /kəmbáɪnd/ 形 連合した，協同の；《化学》化合した；結合した.

③ bilingual /bàɪlíŋgwəl/ ＜ bi（2つ）＋ lingua（言語）＋ al（…の）＞

形 2か国語を話す，2言語併用の：Anyone who is **bilingual** has an automatic advantage. 2か国語を話す人は誰でもそれだけですでに有利である.
── 名 2か国語を話す人.

④ binoculars /bənάkjʊlɚz/ ＜ bin（＝ bi 2つ）＋ ocul（目）＋ ar（…の）＋ s（複数）＞

名 双眼鏡：He put his **binoculars** to his eyes. 彼は双眼鏡を目に当てた.

接頭辞

⑤ **biscuit*** /bískɪt/ ＜ bis（＝ bi 2度）＋ cuit（＝ cooked 焼かれた）＞

名 《英》ビスケット，クラッカー；《米》スコーン: He ate a **biscuit** to keep him going until dinner time. 彼は夕食時までもたせるためにビスケットを1枚食べた．

その他の同語源の語

⑥ **bike*** /báɪk/ 名 自転車；オートバイ（← bicycle の短縮形）．
bi**ker** /báɪkɚ/ 名 オートバイに乗る人；自転車に乗る人．

⑦ **billion*** /bíljən/ 名 10億；《英古語》兆；形 10億の（← million の2乗）．
billion**th** /bíljənθ/ 形 10億番目の；名 10億番目の人［もの］．
billion**aire** /bìljənéɚ/ 名 億万長者．

⑧ **bi**annual /bàɪǽnjuəl/ 形 年2回の，半年ごとの．

⑨ **bi**athlon /baɪǽθlən/ 名 バイアスロン（←二種競技）．

⑩ **bi**cameral /bàɪkǽm(ə)rəl/ 形 二院制の（← 2つの部屋の）．

⑪ **bi**centennial /bàɪsenténiəl/ 形 200年目の；名 200年祭，200周年．

⑫ **bi**ennial /baɪéniəl/ 形 2年に1回の；《植物》二年生の；名 二年生植物．

⑬ **bi**focal /bàɪfóʊk(ə)l/ 形 二焦点の；名 ［〜s］遠近両用眼鏡．

⑭ **bi**lateral /bàɪlǽtərəl/ 形 2面の，2国間の，2者間の（← 2つの側の）．

⑮ **bi**partisan /bàɪpáɚtəz(ə)n/ 形 2党［2派］の；二大政党提携の．

⑯ **bi**ped /báɪpèd/ 形 二足歩行の；名 二足動物．

⑰ **bi**plane /báɪplèɪn/ 名 複葉（飛行）機．

⑱ **bi**sect /báɪsekt/ 動 2分する，2等分する．

⑲ **bi**sexual /bàɪsékʃuəl/ 形 男女両性の；（男女）両性愛の；名 両性愛の人．

⑳ **bi**weekly /bàɪwíːkli/ 形 2週間に1回の；週2回の；副 2週間に1回；週2回．

deca- (10) = ten

① **deca**de　　（10 から成る 1 組）→ 10 年間
② **Dec**ember　（10 番目の月）→ 12 月

例文・派生語

① **decade*** /dékeɪd/　＜ deca（10）＋ ade（まとまり）＞

名 10 年間： Pollution has been steadily increasing during the past **decade**. ここ 10 年間に公害は確実に増えている.

② **December**** /dɪsémbɚ/　＜ Decem（10 番目）＋ mber（月）＞

名 12 月： Men are April when they woo, **December** when they wed. 男は言い寄る時は 4 月のように暖かく，結婚すると 12 月のように冷たい《シェークスピアの言葉》.

★古ローマ暦では春分を 1 年の始めとしたため，2 か月のずれが生じた.

その他の同語源の語

③ **deci**mate /désəmèɪt/ **動** （疫病・戦争が）大量に殺す，激減させる（← 10 分の 1）.

★古代ローマの軍隊で処罰として反乱グループの 10 人ごとに 1 人を殺した.

④ **deci**liter, 《英》**deci**litre /désəlìːtɚ/ **名** デシリットル《1 リットルの 10 分の 1》.
⑤ **deci**meter, 《英》**deci**metre /désəmìːtɚ/ **名** デシメートル《1 メートルの 10 分の 1》.
⑥ **deci**mal /désəm(ə)l/ **形** 10 進法の； **名** 少数（← decim-（10）＋al（…の））.
⑦ **dec**athlon /dɪkǽθlən/ **名** 十種競技（← deca-（10）＋athlon（競技））.
⑧ **deca**gon /dékəgàn/ **名** 十角形（← deca-（10）＋gon（…角形））.
⑨ **deca**pod /dékəpàd/ **名** 10 脚類《いかなど》（← deca-（10）＋pod（足））.

接頭辞

micro- (小さい) = small

① **micro**phone （小さい音を大きくするもの）
  →マイクロフォン
② **micro**wave （極超短波を使ったオーブン）
  →電子レンジ

microwave

例文・派生語

① **microphone**＊ /máikrəfòun/ ＜ micro (小さい) ＋ phone (音) ＞

名 マイクロフォン，マイク：She sang into the **microphone**. 彼女はマイクロフォンに向かって歌った．

② **microwave**＊ /máikrəwèiv/ ＜ micro (小さい) ＋ wave (波) ＞

名 電子レンジ；〖無線〗極超短波，マイクロ波：I put the fish in the **microwave** and defrosted it. 私は魚を電子レンジに入れて解凍した．
── 動 電子レンジで調理する．

その他の同語源の語

③ **micro**scope /mákrəskòup/ 名 顕微鏡（←小さいものを見る器械）．
④ **micro**chip /máikroutʃìp/ 名 〖電子工学〗マイクロチップ《微小の機能回路》．
⑤ **micro**organism /màikrouɔ́ːgənìzm/ 名 微生物《バクテリアなど》．
⑥ **micro**be /máikroub/ 名 微生物，細菌（←小さい生き物）．
⑦ **micro**biology /màikroubaiálədʒi/ 名 微生物学，細菌学．
⑧ **micro**bus /máikroubÀs/ 名 マイクロバス，小型バス（minibus）．
⑨ **micro**computer /máikroukəmpjùːtɚ/ 名 超小型電子計算機，マイコン．
⑩ **micro**film /máikroufìlm/ 名 マイクロフィルム《文書などの縮小撮影フィルム》．
⑪ **micro**n /máikrɑn/ 名 ミクロン《100万分の1メートル》．

mil*li*- (千)

① **mil**e　　　　（千歩）→マイル
② **mil**eage　　（何千歩移動したかの距離数）→総マイル数
③ **mill**ion　　 （千を大きくしたもの）→100万
④ **milli**meter　（千分の1メートル）→ミリメートル
⑤ **mill**ennium　千年間

例文・派生語

① mile** /máɪl/　< mile（千歩）>

名 マイル：My house is about a **mile** from the sea. 私の家は海岸から約1マイルの所にある.
mile**stone** /máɪlstòʊn/ 名 画期的事件，里程標（← 1 マイルごとの標石）.
mile**post** /máɪlpòʊst/ 名 マイル標，里程標（← 1 マイルごとの標柱）.

② mileage* /máɪlɪdʒ/　< mile（千歩）＋ age（状態）>

名 総マイル数，走行距離；走行マイル数，燃費：Check the **mileage** before you buy a secondhand car. 中古車を買う前に総マイル数を確かめなさい.

③ million** /míljən/　< milli（千）＋ on（…の大きなもの）>

名 100万：They bought the house for a **million** dollars. 彼らはその家を100万ドルで買った. ── 形 100万の.
million**aire** /mìljənéɚ/ 名 百万長者，大金持ち.
million**th** /míljənθ/ 形 第100万の；100万分の1の；名 100万番目の人［物］；100万分の1.

④ millimeter,《英》millimetre /míləmìːtɚ/　< milli（千分の1）＋ meter（メートル）>

名 ミリメートル：We had 25 **millimeters** of rain yesterday. 昨日の雨量は25ミリメートルだった.

接頭辞

⑤ **millennium** /mɪlémiəm/ ＜ mille（千）＋ ennium（年）＞

名 千年間：Industrialization destroyed a way of life that had endured for countless **millennia**. 産業化によって何千年間も持続してきた生活様式が崩れ去った.

★millenium の複数形は millenia または milleniums である.

millenn**ial** /mɪlémiəl/ **形** 千年間の.

その他の同語源の語

⑥ **milli**gram,《英》**milli**gramme /mílɪɡræm/ **名** ミリグラム（←千分の１グラム）.

⑦ **milli**liter,《英》**milli**litre /mílɪlìːtɚ/ **名** ミリリットル（←千分の１リットル）.

⑧ **milli**pede /mílɪpìːd/ **名** やすで《節足動物》（← 1000 本の足）.

mono- (1つ) = one

① **mono**poly （単独の販売）→独占
② **mon**arch （1人の支配者）→君主
③ **mono**tone （1つの音調）→一本調子
④ **mono**logue （1人で話すこと）→独白

例文・派生語

① **monopoly*** /mənάp(ə)li/ ＜ mono (1つ) + poly (販売) ＞

名 独占, 独占権, 専売；独占企業：It is not good for consumers if one company has a **monopoly** in any area of trade. どんな商売においても1つの会社が独占するのは消費者にとってはよくない.
monopol**ize** /mənάp(ə)làɪz/ 動 …の独占権を得る；独り占めする.
monopol**ization** /mənὰp(ə)lizéɪʃən/ 名 独占, 専売.
monopol**istic** /mənὰp(ə)lístɪk/ 形 独占的な, 専売の, 独占主義の.
monopol**ist** /mənάpəlɪst/ 名 独占業者, 専売業者.

② **monarch*** /mάnɚk/ ＜ mon (= mono 1人) + arch (支配者) ＞

名 君主：For more than 800 years, Windsor Castle has been the country residence of British **monarchs**. 800年以上にわたってウィンザー城はイギリス君主の地方にある邸宅となってきた.
monarch**y** /mάnɚki/ 名 君主制, 君主政治；君主国.
monarch**ical** /mənάɚkɪk(ə)l/ 形 君主の；君主国 [政治] の.

③ **monotone** /mάnətòʊn/ ＜ mono (1つ) + tone (音調) ＞

名 一本調子；単調さ：He delivered the speech in a **monotone**. 彼は一本調子で演説した.
monoton**ous** /mənάtənəs/ 形 単調な；退屈な.
monoton**ously** /mənάtənəsli/ 副 単調に, 一本調子に.
monoton**y** /mənάtəni/ 名 単調さ, 一本調子.

④ **monologue, monolog** /mánəlɔ̀ːg/ ＜ mono（1人）＋ logue（話すこと）＞

名 独白；（独り占めの）長話：Macbeth looked up, then continued his **monologue**. マクベスは上を向くと独白を続けた.

その他の同語源の 語

⑤ **mon**aural /mɑ̀nɔ́ːrəl/ **形** モノラルの（← 1つの耳の）.
⑥ **mono**chrome /mánəkròʊm/ **形** 白黒の，モノクロの；単色の（← 1つの色の）.
⑦ **mono**cycle /mánəsàɪkl/ **名** 一輪車（← 1つの輪）.
⑧ **mono**gamy /mənǽgəmi/ **名** 一夫一婦制（← 1人の妻との結婚）.
   monogam**ous** /mənǽgəməs/ **形** 一夫一婦制の.
⑨ **mono**lingual /mɑ̀nəlíŋgwəl/ **形** 1つの言語を話す［用いた］.
⑩ **mono**phthong /mánəfθɔ̀ːŋ/ **名**《音声》単母音.
⑪ **mono**plane /mánəplèɪn/ **名** 単葉機.
⑫ **mono**rail /mánərèɪl/ **名** モノレール.
⑬ **mono**syllable /mánəsìləbl/ **名** 単音節語.
⑭ **mono**theism /mánəθìːìzm/ **名** 一神教.
⑮ **mono**xide /mɑnáksaɪd/ **名** 一酸化物.

multi- (多くの) = many

① **multi**national (多くの国の) →多国籍の
② **multi**ply (何回も折り重ねる) →掛ける
③ **multi**ple (何回も折りたたむ) →多様な
④ **multi**lateral (多くの側面の) →多面的な
⑤ **multi**media (多くの媒体)
　　　　　　　　→マルチメディア
⑥ **multi**tude (多い状態) →多数

例文・派生語

① **multinational*** /mʌ̀ltɪnǽʃ(ə)nəl/ ＜ multi (多くの) + nation (国家) + al (…の)＞

形 多国籍の, 多国家の: The small factory has developed into a large **multinational** corporation. その小さな工場は大きな多国籍企業に発展した.

② **multiply*** /mʌ́ltəplài/ ＜ multi (多くの) + ply (折りたたむ)＞

動 掛ける; 増やす; 増える: **Multiply** 4 by 10. 4 に 10 を掛けなさい.
multipl**ication** /mʌ̀ltəplɪkéɪʃən/ 名 掛け算, 乗法; 増加, 増殖.

③ **multiple*** /mʌ́ltɪpl/ ＜ multi (多くの) + ple (折りたたむ)＞

形 多様な; 複合的な: You should notice the **multiple** meanings of the word. その語の多様な意味に注意すべきだ.
── 名 〔数学〕倍数.
multipl**icity** /mʌ̀ltəplísəti/ 名 多数であること, 多様性.

④ **multilateral** /mʌ̀ltɪlǽtərəl/ ＜ multi (多くの) + lateral (側面の)＞

形 多面的な, 多角的な; 多国間の: The government is carrying on **multilateral** diplomacy. 政府は多面的な外交を進めている.

⑤ **multimedia** /mÀltɪmíːdɪə/ ＜ multi（多くの）＋ media（媒体）＞

名 マルチメディア，複合媒体："**Multimedia**" is the term for any technique combining sounds and images.「マルチメディア」とは音声と映像とを組み合わせたすべての技術を表わす用語である．

⑥ **multitude** /mÁltət(j)ùːd/ ＜ multi（多くの）＋ tude（状態）＞

名 多数，大勢；大衆，庶民：There are a **multitude** of islands in the Pacific Ocean. 太平洋上には多数の島がある．
multitud**inous** /mÀltət(j)úːdənəs/ **形** 非常に多数の．

その他の同語源の語

⑦ **multi**cultural /mÀltɪkÁltʃ(ə)rəl/ **形** 多文化の．
  multiculturalism /mÀltɪkÁltʃ(ə)rəlìzm/ **名** 多文化共存；多文化主義．
⑧ **multi**farious /mÀltəfé(ə)riəs/ **形** さまざまの，多方面の（←多くの部分から成る）．
⑨ **multi**lingual /mÀltɪlíŋgwəl/ **形** 数種の言語を話す；多言語併用の．
⑩ **multi**millionaire /mÀltɪmɪljənéɚ/ **名** 億万長者．
⑪ **multi**party /mÀltɪpáɚti/ **形** 複数政党の．
⑫ **multi**plex /mÁltəplèks/ **形** 多様な；複合の（←何回も折りたたんだ）．
⑬ **multi**purpose /mÀltɪpɚ́ːpəs/ **形** 多目的の，多用途の．
⑭ **multi**racial /mÀltɪréɪʃəl/ **形** 多民族の，多人種から成る．

semi- (半分) = half

① **semi**final　　　　（半ば決勝戦）→準決勝戦
② **semi**circle　　　　半円
③ **semi**colon　　　　（中間のコロン）→セミコロン
④ **semi**tropical　　　（半ば熱帯の）→亜熱帯の
⑤ **semi**conductor　　（半ば伝導体）→半導体
⑥ **semi**professional　（半ばプロの）→セミプロの

例文・派生語

① **semifinal*** /sèmifáınl/　< semi（半分）+ final（決勝戦）>

名 準決勝戦： He played pretty poorly in today's **semifinal**. 今日の準決勝戦での彼のプレーは実にまずかった．
—— 形 準決勝の．
semifinal**ist** /sèmifáınəlıst/ 名 準決勝進出選手［チーム］．

② **semicircle** /sémisɚ̀ːkl/　< semi（半分）+ circle（円）>

名 半円： The children sat in a **semicircle** around the teacher. 子供たちは先生の周りに半円になって座った．
semicirc**ular** /sèmisɚ́ːkjulɚ/ 形 半円形の．

③ **semicolon** /sémikòʊlən/　< semi（半分）+ colon（コロン）>

名 セミコロン《；という記号；コンマ（,）とピリオド（.）の中間的な働きをする》： Place a **semicolon** between the lengthy parallel phrases. 長々しく並列するその語句の間にセミコロンを置きなさい．

④ **semitropical** /sèmitrápık(ə)l/　< semi（半分）+ tropical（熱帯の）>

形 亜熱帯の： The island has a **semitropical** climate. その島は亜熱帯の気候である．

接頭辞

⑤ **semiconductor** /sèmikəndʌ́ktɚ/ ＜ semi（半分）＋ conductor（伝導体）＞

名 半導体： A **semiconductor** is the main material for computer chips. 半導体はコンピューターのチップの主要な素材である．

⑥ **semiprofessional** /sèmiprəféʃ(ə)nəl/ ＜ semi（半分）＋ professional（プロの）＞

形 セミプロの： He is a **semiprofessional** baseball player. 彼はセミプロの野球選手だ．
── 名 セミプロの選手．

その他の同語源の 語

⑦ **semi**annual /sèmiǽnjuəl/ 形 半年ごとの，年2回の；（植物が）半年性の．
⑧ **semi**aquatic /sèmiəkwátɪk/ 形 半水生の．
⑨ **semi**automatic /sèmiɔːtəmǽtɪk/ 形 （銃が）半自動式の；名 半自動式小銃．
⑩ **semi**detached /sèmidɪtǽtʃt/ 形 《英》（家が）仕切り壁で隣家と続いた，準独立式の．
⑪ **semi**conscious /sèmikánʃəs/ 形 半ば意識のある；もうろうとした．
⑫ **semi**formal /sèmifɔ́ɚm(ə)l/ 形 半ば正式の，半正装の．
⑬ **semi**monthly /sèmimʌ́nθli/ 副 月2回；形 月2回の．
⑭ **semi**permanent /sèmipɚ́ːm(ə)nənt/ 形 半永久的な．
⑮ **semi**precious /sèmipréʃəs/ 形 準宝石の．
⑯ **semi**retired /sèmirɪtáɪɚd/ 形 （退職後）嘱託の．
⑰ **semi**transparent /sèmitrænspǽrənt/ 形 半透明の．
⑱ **semi**vowel /sèmiváʋəl/ 名 〘音声〙半母音（/j/, / w/ など）．
⑲ **semi**weekly /sèmiwíːkli/ 形 週2回の；副 週2回．

-eer (人)

① engin**eer** (装置の考案者) →技術者
② pion**eer** (道を切り開く歩兵) →先駆者
③ volunt**eer** (自分の意志でする人) →ボランティア

例文・派生語

① engineer* /èndʒəníɚ/ ＜ engine (考案する) + eer (人)＞

名 技術者, 技師, エンジニア；機関士：He became a computer **engineer**. 彼はコンピューター技術者になった. —— **動** (陰謀) をたくらむ.
engine**ering** /èndʒəní(ə)rɪŋ/ **名** 工学.

② pioneer* /pàɪəníɚ/ ＜ pion (歩兵) + eer (人)＞

名 先駆者, 創始者；開拓者：The doctor is a **pioneer** in organ transplants. その医師は臓器移植の先駆者である.

③ volunteer* /vàləntíɚ/ ＜ volunt (自由意思) + eer (人)＞

名 ボランティア, 有志, 志願者：The program was run by **volunteers**. その計画はボランティアによって行われた.
—— **動** 進んで事に当たる；自発的に申し出る.

その他の同語源の語

④ auction**eer** /ɔ̀ːkʃəníɚ/ **名** 競売人 (←競売をする人).
⑤ mountain**eer** /màʊntəníɚ/ **名** 登山者, 登山家.
　mountain**eering** /màʊntəní(ə)rɪŋ/ **名** 登山.
⑥ profit**eer** /prɑ̀fətíɚ/ **名** 暴利をむさぼる人, 不当利得者.
⑦ racket**eer** /rækətíɚ/ **名** 恐喝者, ゆすり屋.
⑧ pamphlet**eer** /pæ̀mflətíɚ/ **名** パンフレットの著者.

接尾辞

-hood (状態) = condition

① child**hood** (子供であること) →幼年時代
② neighbor**hoood** (近所の人の集団) →近所
③ likeli**hood** (ありそうなこと) →可能性

例文・派生語

① **childhood*** /tʃáɪldhùd/ ＜ child (子供) ＋ hood (状態) ＞

名 幼年時代, 子供のころ; 子供であること: I had a happy **childhood** in the country. 私はいなかで楽しい幼年時代を過ごした.

② **neighborhood*** /néɪbɚhùd/ ＜ neighbor (近所の人) ＋ hood (状態) ＞

名 近所, 付近; 近所の人たち: There was a slight fire in my **neighborhood** yesterday. きのう近所でぼやがあった.

③ **likelihood*** /láɪklihùd/ ＜ likely (ありそうな) ＋ hood (状態) ＞

名 可能性, 見込み, ありそうなこと: There is every **likelihood** of snow. 雪が降る可能性は十分にある.

その他の同語源の語

④ liveli**hood** /láɪvlihùd/ 名 暮らし, 生計 (←生活の状態).
⑤ boy**hood** /bɔ́ɪhùd/ 名 少年時代, 少年期.
⑥ girl**hood** /gɚ́ːlhùd/ 名 少女時代, 少女期.
⑦ mother**hood** /mʌ́ðɚhùd/ 名 母であること; 母性.
⑧ father**hood** /fɑ́ːðɚhùd/ 名 父であること; 父性.
⑨ false**hood** /fɔ́ːlshùd/ 名 うそ; 虚偽, うそをつくこと.

-ics（…学）= science

① econom**ics** （家の管理の学問）→経済学
② athlet**ics** （スポーツ選手の学問）
　　　　　　　　→運動競技
③ electron**ics** （電子の学問）→電子工学
④ eth**ics** （道徳の学問）→倫理学
⑤ mathemat**ics** （学んだものの学問）→数学
⑥ phys**ics** （自然の学問）→物理学
⑦ tact**ics** （戦法の術）→戦術

athletics

例文・派生語

① **economics*** /èkənάmɪks/ ＜ eco（家）＋ nomy（…法）＋ ics（…学）＞

名 経済学；経済状態：His major is **economics**. 彼の専攻は経済学だ．
econom**y** /ɪkάnəmi/ 名 経済；節約（←家の管理；☞ -nomy の項）．

② **athletics*** /æθlétɪks/ ＜ athlete（スポーツ選手）＋ ics（….学）＞

名 運動競技：All children should do **athletics**. 子供たちはみんな運動競技をすべきだ．
athlet**ic** /æθlétɪk/ 形 運動競技の，運動競技［選手］用の；スポーツマンらしい．
athlet**e** /æθlíːt/ 名 スポーツ選手，アスリート；運動好きな人．

③ **electronics*** /ɪlèktrάnɪks/ ＜ electron（電子）＋ ics（…学）＞

名 電子工学，エレクトロニクス：He has a good knowledge of **electronics**. 彼は電子工学について十分な知識がある．
electron**ic** /ɪlèktrάnɪk/ 形 電子工学の；電子の． electron /ɪléktrɑn/ 名 電子．

④ **ethics*** /éθɪks/ ＜ ethic（道徳）＋ ics（…学）＞

名 倫理学；道徳原理，モラル：**Ethics** is concerned with the good. 倫理学は善とかかわっている．

接尾辞

ethic /éθɪk/ 名 倫理，道徳律．
ethical /éθɪk(ə)l/ 形 道徳上の，倫理学の；道徳的な．
ethically /éθɪkəli/ 副 倫理的に，道徳的に；倫理的には．

⑤ **mathematics*** /mæ̀θəmǽtɪks/ ＜ mathemat（学んだもの）＋ ics（…学）＞

名 数学：**Mathematics** is his strong subject. 数学は彼の得意な科目だ．
mathematical /mæ̀θəmǽtɪk(ə)l/ 形 数学の．
mathematician /mæ̀θəmətíʃən/ 名 数学者．

⑥ **physics*** /fízɪks/ ＜ physic（自然）＋ ics（…学）＞

名 物理学：He is an authority in nuclear **physics**. 彼は原子物理学の権威である．
physical /fízɪk(ə)l/ 形 身体の，肉体の；物質的な；物理学(上)の．
physically /fízɪk(ə)li/ 副 身体上，肉体的に；物理的に．
physicist /fízəsɪst/ 名 物理学者．
physician /fɪzíʃən/ 名 医者，開業医；内科医．

⑦ **tactics*** /tǽktɪks/ ＜ tact（戦法）＋ ics（…術）＞

名 戦術：The general's **tactics** in the battle were brilliant. その戦闘における将軍の戦術は見事だった．
tactic /tǽktɪk/ 名 手段，方策；戦術．
tactical /tǽktɪk(ə)l/ 形 駆け引きで行う；戦術的な．
tactician /tæktíʃən/ 名 戦術家；策士．

その他の同語源の 語

⑧ poli**tics*** /pálətìks/ 名 政治；政策；政治学（←都市の学問）．
⑨ statis**tics*** /stətístɪks/ 名 統計，統計学（←状態の学問）．
⑩ op**tics** /áptɪks/ 名 光学．
⑪ dynam**ics** /daɪnǽmɪks/ 名 力学；力関係．
⑫ geophys**ics** /dʒìːəfízɪks/ 名 地球物理学．
⑬ phonet**ics** /fənétɪks/ 名 音声学，発音学．

-logy (学問) = study

① techno**logy** (技術の学問) →科学技術
② bio**logy** (生命の学問) →生物学
③ ideo**logy** (観念の学問) →イデオロギー
④ psycho**logy** (精神の学問) →心理学
⑤ physio**logy** (身体の学問) →生理学

例文・派生語

① technology** /teknálədʒi/ ＜ techno (技術) + logy (学問) ＞

名 科学技術, 工学, テクノロジー；技術：The **technologies** of the future are ceramics and biotechnology. 将来性のある科学技術はセラミックスとバイオテクノロジーだ.
technolog**ical** /tèknəládʒɪk(ə)l/ 形 科学技術の.
technolog**ist** /teknálədʒɪst/ 名 科学技術者.

② biology* /baɪálədʒi/ ＜ bio (生命) + logy (学問) ＞

名 生物学：**Biology** is the science of living things. 生物学とは生きているものを研究する学問である.
biolog**ical** /bàɪəládʒɪk(ə)l/ 形 生物学(上)の. biolog**ist** /baɪálədʒɪst/ 名 生物学者.

③ ideology* /àɪdiálədʒi/ ＜ ideo (観念) + logy (学問, …論) ＞

名 イデオロギー, 観念形態：Do you accept his **ideology**? 彼のイデオロギーを認めますか. ideolog**ical** /àɪdiəládʒɪk(ə)l/ 形 イデオロギー上の, 観念的な.

④ psychology* /saɪkálədʒi/ ＜ psycho (精神) + logy (学問) ＞

名 心理学；心理, 精神状態：He is majoring in **psychology**. 彼は心理学を専攻している.
psycholog**ical** /sàɪkəládʒɪk(ə)l/ 形 心理的な.
psycholog**ist** /saɪkálədʒɪst/ 名 心理学者.

接尾辞

⑤ **physiology** /fìziálədʒi/ ＜ physio（身体）＋ logy（学問）＞

名 生理学；生理機能：He won the Nobel prize in **physiology**. 彼はノーベル生理学賞を受賞した．
physiol**ical** /fìziəládʒɪk(ə)l/ **形** 生理的な．
physiol**ogist** /fìziálədʒɪst/ **名** 生理学者．

その他の同語源の語

⑥ socio**logy*** /sòusiálədʒi/ **名** 社会学（←社会の学問）．
⑦ astro**logy** /əstrálədʒi/ **名** 占星術（←星の学問）．
⑧ geo**logy** /dʒiálədʒi/ **名** 地質学（←土地の学問）．
⑨ anthropo**logy** /æ̀nθrəpálədʒi/ **名** 人類学（←人の学問）．
⑩ mytho**logy** /miθálədʒi/ **名** 神話；神話集；神話学（←神話の学問）．
⑪ patho**logy** /pəθálədʒi/ **名** 病理学（←病気の学問）．
⑫ termino**logy** /tɚ̀ːmənálədʒi/ **名** 述語，専門用語；用語法（←用語の学問）．
⑬ theo**logy** /θiálədʒi/ **名** 神学；教義（←神に関する学問）．
⑭ zoo**logy** /zouálədʒi/ **名** 動物学（←動物の学問）．
⑮ bacterio**logy** /bæktì(ə)riálədʒi/ **名** 細菌学（←細菌に関する学問）．
⑯ chrono**logy** /krənálədʒi/ **名** 年代記，年表；年代学（←時間に関する学問）．
⑰ entomo**logy** /èntəmálədʒi/ **名** 昆虫学（←昆虫に関する学問）．
⑱ etymo**logy** /ètəmálədʒi/ **名** 語源学；語源（←語の本来の意味に関する学問）．
⑲ genea**logy** /dʒìːniálədʒi/ **名** 家系；系統；家系図；系図学（←家系に関する学問）．
⑳ meteoro**logy** /mìːtiərálədʒi/ **名** 気象学（←気象の学問）．

-nomy (…法) = law

① eco**nomy** (家の管理) →経済
② gastro**nomy** (胃の法則) →美食法

例文・派生語

① **economy**** /ɪkánəmi/ ＜ eco (家) + nomy (…法)＞

名 経済；節約：This project will improve the local **economy**. この計画は地域の経済を改善するだろう．

econom**ic** /èkənámɪk/ **形** 経済(上)の；経済学の．
econom**ical** /èkənámɪk(ə)l/ **形** 経済的な，節約になる．
　(⇔ **un**economical **形** 不経済な)
econom**ist** /ɪkánəmɪst/ **名** 経済学者．
econom**ize** /ɪkánəmàɪz/ **動** 経済的に使う，節約する．

② **gastronomy** /gæstránəmi/ ＜ gastro (胃) + nomy (…法)＞

名 美食法，美食学；料理法：Curry is a type of **gastronomy** of Thailand. カレーはタイの美食法の1つです．

gastronom**ic** /gæstrənámɪk/ **形** 美食の．

その他の同語源の語

③ auto**nomy*** /ɔːtánəmi/ **名** 自治(←自らの法)．
④ astro**nomy** /əstránəmi/ **名** 天文学(←星の法則の学問)．
⑤ taxo**nomy** /tæksánəmi/ **名** (動植物の)分類学 [法]；分類(←配列の法)．

接尾辞

-proof (…を防ぐ)

① water**proof**　防水の
② fire**proof**　耐火性の
③ sound**proof**　防音の

防水の (waterproof) コート ▶

例文・派生語

① **waterproof** /wɔ́:tərprúːf/　< water (水) + proof (…を防ぐ) >

形 防水の, 水を通さない: You should bring a **waterproof** jacket in case of rain. 雨の時のために防水ジャケットを持ってきなさい.
—— 名 防水服; レインコート. —— 動 防水加工をする.

② **fireproof** /fáɪərprúːf/　< fire (火) + proof (…を防ぐ) >

形 耐火性の, 防火の: These are **fireproof** curtains. これらは耐火性のカーテンです.

③ **soundproof** /sáʊndprùːf/　< sound (音) + proof (…を防ぐ) >

形 防音の, 音を通さない: They used **soundproof** walls for their house. 彼らは家に防音壁を使った.

その他の同語源の語

④ bullet**proof** /búlətprùːf/ 形 防弾の.
⑤ heat**proof** /híːtprùːf/ 形 耐熱性の (←熱を防ぐ).
⑥ light**proof** /láɪtprùːf/ 形 光を通さない.
⑦ rust**proof** /rʌ́stprùːf/ 形 (金属が) さびない.
⑧ earthquake-**proof** /ə́ːθkwèɪkprùːf/ 形 耐震性の.

-ship (状態) = condition

① relation**ship** （関係する状態）→関係
② champion**ship** （優勝者の地位）→選手権
③ friend**ship** （友である状態）→友情
④ leader**ship** （指導者の状態）→指導者の地位
⑤ member**ship** （会員である状態）→会員資格
⑥ owner**ship** （持ち主の状態）→所有権
⑦ partner**ship** （仲間の状態）→協力
⑧ wor**ship** （価値のある状態）→崇拝

例文・派生語

① **relationship**** /rɪréɪʃənʃɪp/　＜ relation（関係）＋ ship（状態）＞

名 関係，結びつき；関連；恋愛関係： A good **relationship** between doctor and patient is very important. 医者と患者とのよい関係は非常に重要だ．

② **championship*** /tʃæmpiənʃɪp/　＜ champion（優勝者）＋ ship（状態）＞

名 選手権；選手権試合： He won three **championships** in a year. 彼は1年間に3つの選手権を獲得した．

③ **friendship*** /frén(d)ʃɪp/　＜ friend（友）＋ ship（状態）＞

名 友情；親交，友好関係： Nothing is as valuable as **friendship**. 友情ほど貴重なものはない．

④ **leadership*** /líːdɚʃɪp/　＜ leader（指導者）＋ ship（状態）＞

名 指導者の地位；指導力，リーダーシップ；指導： He took over the **leadership** of the party. 彼は党の指導者の地位を引き継いだ．

⑤ **membership*** /mémbɚʃɪp/　＜ member（会員）＋ ship（状態）＞

名 会員資格；会員数： You have to renew your **membership** in your club every year. あなたはクラブの会員資格を毎年更新しなければならない．

⑥ ownership* /óʊnɚʃɪp/ ＜ owner（持ち主）＋ ship（状態）＞

名 所有権；持ち主であること： We acquired the **ownership** of the house. 私たちはその家の所有権を獲得した．

⑦ partnership* /páɚtnɚʃɪp/ ＜ partner（仲間）＋ ship（状態）＞

名 協力，提携： We've been in **partnership** for ten years. 我々は10年間協力してきた．

⑧ worship* /wɝːʃɪp/ ＜ wor（＝ woth 価値）＋ ship（状態）＞

名 崇拝，尊敬： They still practice nature **worship**. 彼らは今でも自然崇拝の慣習を持っている．
—**動** 崇拝する，礼拝する．

その他の同語源の語

- ⑨ dictator**ship*** /dɪktéɪtɚʃɪp/ **名** 独裁政治，独裁（←独裁者としての状態）．
- ⑩ hard**ship*** /hάɚdʃɪp/ **名** 苦難，困苦（←困難な状態）．
- ⑪ scholar**ship*** /skάlɚʃɪp/ **名** 奨学金；学問（←学校にいる状態）．
- ⑫ apprentice**ship** /əpréntɪ(s)ʃɪp/ **名** 実習期間，見習いの身分（←見習いの状態）．
- ⑬ citizen**ship** /sítəz(ə)nʃɪp/ **名** 市民権；公民の身分（←市民である状態）．
- ⑭ companion**ship** /kəmpǽnjənʃɪp/ **名** 仲間付き合い，交際（←仲間の状態）．
- ⑮ court**ship** /kɔ́ɚtʃɪp/ **名** 女性への求婚，求愛（←求愛の状態）．
- ⑯ fellow**ship** /félouʃɪp/ **名** 研究奨学金，団体；仲間意識（←仲間の状態）．
- ⑰ author**ship** /ɔ́ːθɚʃɪp/ **名** 作者であること；著述業（←著者の身分）．
- ⑱ sportsman**ship** /spɔ́ɚtsmənʃɪp/ **名** スポーツマン精神（←スポーツマンとしての態度）．

-some (…に適した)

① hand**some** （手ごろな→適当な）→ハンサムな
② trouble**some** （困難を生じやすい）→やっかいな
③ whole**some** （欠けたところのない）→健康によい

例文・派生語

① **handsome** /hǽnsəm/ ＜ hand（手）＋ some（…に適した）＞
形 ハンサムな，顔立ちの良い，魅力的な；立派；かなりの：Richard is a tall, **handsome** man. リチャードは背が高くてハンサムな男性です．

② **troublesome** /trʌ́blsəm/ ＜ trouble（困難）＋ some（…に適した）＞
形 やっかいな，困難な：It's a **troublesome** task. それはやっかいな仕事だ．

③ **wholesome** /hóʊlsəm/ ＜ whole（全体）＋ some（…に適した）＞
形 健康によい；健全な：All children should be brought up on **wholesome** food. 子供たちはみんな健康によい食品で育てられるべきです．
　（⇔ **un**wholesome 形 健康に悪い）

その他の同語源の語

④ tire**some** /táɪɚsəm/ 形 退屈な，あきあきする；面倒な（←疲れやすい）．
⑤ lone**some** /lóʊnsəm/ 形 寂しい；人里離れた（←一人ぼっちで）．
⑥ venture**some** /véntʃɚsəm/ 形 冒険好きな，大胆な（←冒険を冒す）．
⑦ irk**some** /ɚ́ːksəm/ 形 うんざりする，面倒な（←困難を生じる）．
⑧ loath**some** /lóʊðsəm/ 形 とてもいやな（←敵意を生じる）．
⑨ quarrel**some** /kwɔ́ːrəlsəm/ 形 けんか好きな（←口論を引き起こす）．
⑩ weari**some** /wí(ə)risəm/ 形 疲労させる；退屈な（←疲れを生じる）．

接尾辞

-tude (状態) = posture

① atti**tude** (適切な状態→姿勢) → 態度
② lati**tude** (幅の広さ) → 緯度

例文・派生語

① **attitude**** /ǽtɪt(j)ùːd/ ＜ atti (= apt 適切な) + tude (状態) ＞
名 態度；考え方：Her **attitude** toward him changed in a subtle way. 彼女の彼に対する態度が微妙に変わった.

② **latitude** /lǽtət(j)ùːd/ ＜ lati (幅) + tude (状態) ＞
名 緯度：The climate in Britain is warm for its **latitude**. 英国の気候は緯度の割に温暖である.
latitud**inal** /lætət(j)úːdən(ə)l/ 形 緯度の.

その他の同語源の語

③ al**titude** /ǽltət(j)ùːd/ 名 高度，高さ；高所 (←高い状態).
④ gra**titude** /grǽtət(j)ùːd/ 名 感謝，謝意 (←喜びの状態).
⑤ mag**nitude** /mǽgnət(j)ùːd/ 名 大きさ，重要さ (←大きいこと).
⑥ mul**titude** /mʌ́ltət(j)ùːd/ 名 多数，大勢 (←多い状態；☞ multi- の項).
⑦ soli**tude** /sάlət(j)ùːd/ 名 孤独，一人でいること (←一人でいる状態).
⑧ ap**titude** /ǽptət(j)ùːd/ 名 適性，素質 (←適切な状態).
⑨ for**titude** /fɔ́ːrtət(j)ùːd/ 名 我慢強さ，不屈の精神 (←強い状態；☞ fort の項).
⑩ longi**tude** /lάndʒət(j)ùːd/ 名 経度 (←長さ).
⑪ vicissi**tudes** /vɪsísət(j)ùːdz/ 名 [複] (人生の) 浮き沈み，栄枯盛衰 (←変化する状態).

-ward (…の方へ) = toward

① toward　　…の方へ
② forward　（前の方へ）→前方へ
③ afterward（後の方へ）→後で
④ awkward　（間違った方へ）
　　　　　　→気まずい
⑤ backward（後ろの方へ）→後方に
⑥ upward　上の方へ
⑦ downward　下の方へ

例文・派生語

① **toward**, 《英》**towards**** /t(w)ɔ́ərd, t(w)ɔ́ərdz/ ＜ to（…へ）+ ward（…の方へ）＞

前 …の方へ；…に向かって；…に対して；…に近く：He said good-bye and walked **toward** the door. 彼はさよならと言ってドアの方へ歩いていった.

② **forward**** /fɔ́əwəd/ ＜ fore（前）+ ward（…の方へ）＞

副 前方へ，先へ：The bus stopped suddenly and the passengers were thrown **forward**. バスが突然止まると乗客は前方へ投げ出された.
── **形** 前方への. ── **動** （郵便）を転送する. ── **名** フォワード，前衛.

③ **afterward*** /ǽftəwəd/ ＜ after（後に）+ ward（…の方へ）＞

副 後で，その後は：There will be a question period **afterward**. 後で質問の時間があります.

④ **awkward*** /ɔ́:kwəd/ ＜ awk（間違った）+ ward（…の方へ）＞

形 気まずい，ばつの悪い；扱いにくい；ぎこちない：An **awkward** silence hung between them. 二人の間に気まずい沈黙が続いた.
awkwardly /ɔ́:kwədli/ **副** 気まずく，ぎこちなく.
awkwardness /ɔ́:kwədnəs/ **名** 不器用，ぎこちなさ.

接尾辞

⑤ **backward** /bǽkwɚd/ ＜back (後ろ) + ward (…の方へ)＞
副 後方に；後ろ向きに；後ろから：They dashed **backward**. 彼らは後方に突進した． —— 形 後方への，戻りの；遅れた．

⑥ **upward** /ʌ́pwɚd/ ＜up (上へ) + ward (…の方へ)＞
副 上の方へ，上向きに：All eyes were turned **upward** toward the man on the tower. すべての目は塔に登ったその男のいる上の方へ向けられた．
—— 形 上方への．

⑦ **downward** /dáʊnwɚd/ ＜down (下へ) + ward (…の方へ)＞
副 下の方へ，下向きに；…以降：He glanced **downward** at his script. 彼は下の方に目を向けて原稿をちらっと見た．
—— 形 下方への．

その他の同語源の語

⑧ in**ward** /ínwɚd/ 形 心の中の；中へ向かう；副 中へ；心の中へ (←中の方へ)．
⑨ out**ward** /áʊtwɚd/ 形 表面的な；外へ向かう；副 外へ；国外へ．
⑩ north**ward** /nɔ́ɚθwɚd/ 副 北の方へ，北向きに；形 北の方への，北向きの．
⑪ south**ward** /sáʊθwɚd/ 副 南の方へ，南向きに；形 南の方への．
⑫ east**ward** /íːstwɚd/ 副 東の方へ，東向きに；形 東の方への．
⑬ west**ward** /wéstwɚd/ 副 西の方へ，西向きに；形 西の方への．
⑭ on**ward** /ɑ́nwɚd/ 副 前方へ，進んで；形 前方への，前向きの．
⑮ way**ward** /wéɪwɚd/ 形 わがままな，強情な (←道からそれた)．
⑯ home**ward** /hóʊmwɚd/ 副 家路を指して，本国へ；形 家路へ向かう，本国への．
⑰ sea**ward** /síːwɚd/ 形 海の方への；(風が)海からの；副 海 [沖] の方へ．

-wise (…のように) = manner

① otherwise （別の方法で）→ さもないと
② likewise （似ているように）→ 同じように
③ clockwise （時計のように）→ 時計回りに

clockwise ▶

例文・派生語

① **otherwise**** /ʌ́ðɚwàɪz/ ＜ other（他の）＋ wise（…のように）＞

副 さもないと；そうでなければ；別の方法で；他の点では：Leave at once; **otherwise** you will miss the train. すぐ行きなさい，さもないと列車に遅れますよ．

② **likewise*** /láɪkwàɪz/ ＜ like（似ている）＋ wise（…のように）＞

副 同じように；同様に：Watch him and do **likewise**. 彼をよく見て同じようにしなさい．

③ **clockwise** /klɑ́kwàɪz/ ＜ clock（時計）＋ wise（…のように）＞

副 時計回りに，右回りに：Screw the lid on **clockwise**. ふたを時計回りにひねって締めなさい． ―― 形 時計回りの，右回りの.
　（⇔ **counter**clockwise 副 時計の針と反対の方向へ，左回りに；形 左回りの）

その他の同語源の語

④ cross**wise** /krɔ́ːswàɪz/ 副 横に，斜めに；交差して(←横切るように).
⑤ slant**wise** /slǽntwàɪz/ 副 傾いて，斜めに；形 傾いた，斜めの，(←傾くように).

接尾辞

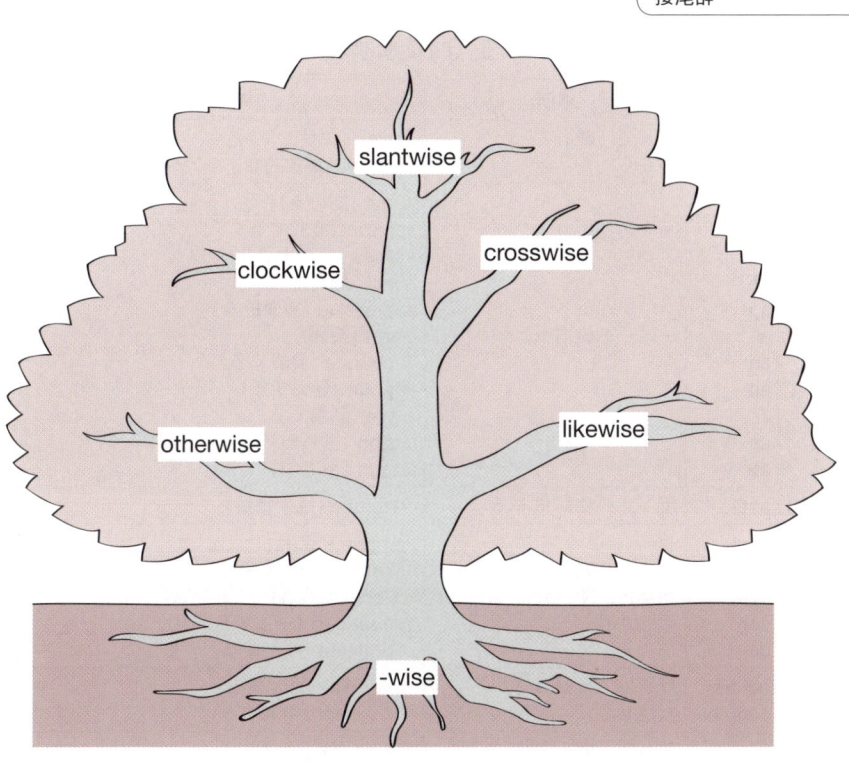

slantwise
clockwise
crosswise
otherwise
likewise
-wise

-wise を接尾辞にもつ語

主な接頭辞

	接頭辞	意味	単語例
1	ab- abs-	離れて，離して …から	absent（欠席して） abstract（抽象的な）
2	ad- a- ac- af- ag- al- an- ap- ar- as- at-	…に，…の方へ，…へ	admit（認める） achieve（達成する） access（アクセス） affect（影響を及ぼす） aggressive（攻撃的な） alarm（警報） announce（発表する） appoint（任命する） arrive（到着する） assign（割り当てる） attract（引きつける）
3	anti-	反…，…に対抗する	antibiotic（抗生物質）
4	com- con- col- cor- co-	共に，一緒に 完全に，すっかり しっかり	company（会社） constant（絶えず続く） collect（集める） correspond（一致する） coordinate（調整する）
5	contra- counter-	反対に，反対して 対抗して	contradict（否定する） counteract（中和する）
6	de-	離れて，離して …から，下に，完全に	decide（決心する） depress（気落ちさせる）
7	dia-	横切って，間で，完全に	dialogue（対話）
8	dis- di- dif-	離れて，離して 別々に 反対に，…ない	discover（発見する） distance（距離） differ（異なる）
9	en- em-	中へ，…の中に …にする	encourage（励ます） employ（雇う）
10	ex- e- ec- ef-	外に，外へ，上へ 外から，完全に	export（輸出する；輸出） event（出来事） eccentric（常軌を逸した） effort（努力）
11	extra-	越えた，外へ	extraordinary（並外れた）
12	fore-	前もって，前の	forecast（予報）
13	in- im-	中へ，中に，上に …の中へ，…の方に	insist（主張する） import（輸入する；輸入品）
14	in- im-	…ない，不…，無…	infant（幼児） immediate（即時の）
15	inter- intro-	中へ，間に，相互に	interact（相互に作用する） introduce（紹介する，導入する）

主な接頭辞

	接頭辞	意味	単語例
16	mis-	誤って，悪く，不…	mischief（いたずら）
17	ne-	…ない	necessary（なくてはならない）
18	non-	無…	nonsense（ばかげた考え）
19	ob- op-	反対に，…に対して	object（物，対象；反対する） oppose（反対する）
20	para-	わきに	paragraph（段落）
21	per-	…を通して 完全に，すっかり	permit（許可する） perfect（完全な）
22	post-	後の，…の後の，後に	postpone（延期する）
23	pre- pro-	前に，前へ，先に 前もって，…のために	present（出席している；現在；贈呈する） program（番組，計画）
24	re-	後ろに，元に，応えて 再び，強く	report（報告する；報告） resent（腹を立てる）
25	retro-	後ろへ，さかのぼって	retrospect（振り返ること，回顧）
26	se-	離れて，離して，別に …のない	separate（分かれた；分ける） secure（安全な）
27	sub- suc- suf- sug- sup- sus-	下に，下で 下を，下から	subject（主題；服従させる） succeed（成功する） suffer（(苦痛)を受ける） suggest（提案する） support（支持する） suspend（一時停止する）
28	super- sur-	越えて，より上に 上を，上の，上から	supervise（監督する） survive（後まで生き残る）
29	syn- sym-	共に，同時に，似た	synchronize（同時にする） symphony（交響曲）
30	tele-	遠い	telephone（電話）
31	trans-	越えて，別の場所へ 別の状態に，移す	transport（輸送する；輸送） transform（一変させる）
32	un-	…ない 取り去る，元へ戻す	unhappy（不幸な） uncover（暴露する）

主な接尾辞

	名詞接尾辞	意味	単語例
1	-ade	もの	barricade（障壁）
2	-age	状態，こと，もの	passage（通路，文の一節）
3	-al	…すること	arrival（到着）
4	-an -ean -ian	人	American（アメリカ人） European（ヨーロッパ人） civilian（民間人）
5	-ance -ence	状態，こと …したこと，もの	finance（財政） science（科学）
6	-ancy -ency -cy	状態，性質	vacancy（空き部屋） currency（通貨） bankruptcy（破産）
7	-ant -ent	人，もの	merchant（商人） President（大統領）
8	-ary	もの，…に関するもの …の場所	diary（日記） library（図書館）
9	-ation	…すること，こと	vacation（休暇）
10	-cle	もの，こと	spectacle（光景）
11	-ee	…される人	employee（従業員）
12	-er -ier	人，…するもの …すること	porter（ポーター） barrier（障壁）
13	-ess	女性	princess（王女）
14	-ice	こと，人，もの	justice（公正）
15	-id	状態	fluid（流動体）
16	-ion -sion -tion	こと，もの …したもの，…すること	vision（視力） excursion（小旅行） station（駅）
17	-ism	…主義，行動	communism（共産主義）
18	-ist	人	dentist（歯科医）
19	-le	小さなもの，もの，者	circle（円）
20	-ment	もの，こと，状態	basement（地階）
21	-ness	状態，性質	uniqueness（独特さ）
22	-or	人，者 もの	actor（俳優） tructor（トラクター）
23	-ory	場所，もの	factory（工場）
24	-or,《英》-our	状態	armor,《英》armour（よろい）
25	-ster	人	minister（大臣）
26	-ty -ity	状態，こと	unity（統一） community（共同社会）
27	-ure	こと，もの …したもの，…すること	gesture（身振り） structure（構造，構造物）
28	-y	もの，こと，集団	jury（陪審，陪審団）

主な接尾辞

	形容詞接尾辞	意味	単語例
1	-able -ible	…できる，…されうる	portable（携帯用の） visible（目に見える）
2	-al -ial	…の，…に関する …の性質の，…に特有の	normal（標準の） essential（欠かせない）
3	-an -ary	…に関する，…の …の性質の	republican（共和国の） ordinary（普通の）
4	-ant -ent	…性の，…の …に関する，…している	dominant（支配的な） magnificent（壮大な）
5	-ar	…の，…に関する	popular（人気のある）
6	-ary	…の，…に関する	temporary（一時の）
7	-ate	…のある，…化した	accurate（正確な）
8	-ative	…的な	affirmative（肯定の）
9	-ed	…した	sacred（神聖な）
10	-ful	…に満ちた，…の性質の	useful（役に立つ）
11	-ic	…の，…のような …の性質の	public（公共の）
12	-ical	…の，…のような …に関する	political（政治の）
13	-id	状態の，…している	vivid（生き生きとした）
14	-ile	…に関する，…できる	hostile（敵意のある）
15	-ine	…の性質の	genuine（本物の）
16	-ique	…の，…の特徴の	unique（独特の）
17	-ish	…のような	selfish（利己的な）
18	-it	…した，…された	explicit（明白な）
19	-ive	…の性質の，…の	native（生まれ故郷の）
20	-less	…のない	useless（役に立たない）
21	-ly	…に満ちた，…のような …ごとの	friendly（親しい） weekly（毎週の）
22	-ory	…のような，…ような	compulsory（強制的な）
23	-ous -ious	…の多い，…に満ちた …性の，…の特徴の	generous（気前のよい） curious（好奇心の強い）
24	-y	…の	snowy（雪の降る）

	動詞接尾辞	意味	単語例
1	-ate	…にする，…になる	locate（…の位置を捜し当てる）
2	-en	…にする，…になる	happen（起こる）
3	-fy -ify	…にする，…になる	unify（統一する） testify（証言する）
4	-ish	…にする，…になる	finish（終える，終わる）
5	-ize -ise	…にする，…化する …になる	civilize（文明化する） advertise（広告する）

索引

* 赤い文字は主見出し語とその掲載ページを示す
* 黒い文字はその他の同語源の語と派生語およびその掲載ページを示す

A
abase 9
abate 11
abatement 11
abatis 11
abattoir 11
abjure 63
ablation 65
abnormal 82
aborigine 88
abort 88
abortion 88
absolute 123
absolutely 123
absolution 123
absolve 123
abuse 139
abusive 139
accident 22
accidental 22
accidentally 22
acclaim 28
acclamation 28
acclimate 31
acclimation 31
accommodate 75
accommodation 75
accompaniment 89
accompanist 89
accompany 89
accomplish 99
accomplishment 99
accretion 39
accrual 39
accrue 39

acculturate 43
acculturation 43
accustom 44
accustomed 44
achieve 21
achievement 21
achiever 21
adequacy 50
adequate 50
adjudge 63
adjudicate 63
adjure 63
admonish 77
admonition 77
advance 151
advanced 151
advancement 151
advancing 151
advantage 150
advantageous 150
advantageously 151
affable 53
affirm 54
affirmation 54
affirmative 54
affirmatively 54
afterward 176
agricultural 42
agriculture 42
agriculturist 42
alarm 2
alarmed 2
alarming 2
alarmist 2
allegation 67

allege 67
alleged 67
allegedly 67
allocate 68
allocation 68
allow 69
allowable 69
allowance 69
altitude 175
ambidexterity 149
ambidextrous 149
ambidextrously 149
ambience 149
ambient 149
ambiguity 148
ambiguous 148
ambisexual 149
ambit 61, 149
ambition 61, 148
ambitious 61, 148
ambitiously 148
ambivalence 143, 149
ambivalent 143, 149
amble 149
ambulance 148
amphibian 149
amphibious 149
ancestor 151
ancient 151
annotate 81
annotation 81
announce 83
announcement 83
announcer 83
annunciation 83

索引

antecedent 151
antedate 151
anterior 151
anthology 71
anthropology 169
anticipate 150
anticipation 150
anticipatory 150
anticlimax 31
antiquarian 150
antiquary 150
antiquated 150
antique 150
antiquity 150
apiculture 43
apologetic 70
apologize 70
apology 70
apparatus 91
apparel 91
appetency 95
appetite 94
appetizer 94
appetizing 94
apprenticeship 173
aptitude 175
aquaculture 43
architect 133
architectural 133
architecture 133
arm 2
armada 3
armadillo 3
armament 3
armature 3
armed 2
armistice 3
armor 2
armored 3
armorer 3
armory 3
armour 2
armoured 3
army 2
aspiration 127

aspire 127
aspiring 127
assail 132
assault 132
assess 116
assessment 116
assessor 116
assiduity 119
assiduous 119
assimilate 120
assimilation 120
astrology 169
astronomy 170
athlete 166
athletic 166
athletics 166
attitude 175
auctioneer 164
audibility 4
audible 4
audibly 4
audience 4
audio 4
audiometer 5
audiovisual 4
audit 4
audition 5
auditor 5
auditorium 4
auditory 5
authorship 173
autonomy 170
avail 143
available 143
avoid 141
avoidance 141
awkward 176
awkwardly 176
awkwardness 176
B
backward 177
bacteriology 169
bar 6
barred 6
barrel 6

barricade 7
barrier 6
barrier-free 6
barring 7
barrister 7
basal 8
base 8
baseball 9
baseless 9
baseline 9
basement 8
basic 8
basically 8
basics 8
basis 8
bass 8
bat 10
bate 11
battalion 11
batter 名 10
batter 動 10
battered 10
battering 10
battery 10
batting 10
battle 10
battlefield 10
battleground 10
battlements 11
battleship 11
beat 11
belligerent 59
besiege 119
biannual 153
biathlon 153
bicameral 153
bicentennial 153
bicycle 152
bicyclist 152
biennial 153
bifocal 153
bike 153
biker 153
bilateral 153
bilingual 152

billion 153
billionaire 153
billionth 153
binoculars 152
biological 168
biologist 168
biology 168
bipartisan 153
biped 153
biplane 153
biscuit 153
bisect 153
bisexual 153
biweekly 153
blaspheme 97
boyhood 165
broadcast 16
broadcaster 16
broadcasting 16
bulletproof 171
C
cacophony 97
cadence 15
car 12
career 12
cargo 13
caricature 13
carpenter 13
carriage 12
carrier 12
carry 12
cart 13
carter 13
cascade 15
case 14
cast 16
castaway 17
casting 16
castoff 17
cast-off 17
casual 14
casually 14
casualty 14
catalog 70
catalogue 70

center 18
centered 18
central 18
centralism 19
centralization 19
centralize 19
centrally 18
centre 18
centrifugal 19
centrifuge 19
centripetal 19, 95
centrist 19
championship 172
charge 13
chargeable 13
charger 13
chariot 13
chef 21
chief 20
chiefly 20
chieftain 21
childhood 165
chisel 26
Christendom 47
chronology 169
circuit 61
circuitous 61
circumcise 26
circumlocution 71
citizenship 173
civic 27
civics 27
civil 27
civilian 27
civilise 27
civilised 27
civility 27
civilisation 27
civilization 27
civilize 27
civilized 27
civilly 27
claim 28
claimant 28
clamor 29

clamorous 29
clamour 29
client 31
climacteric 31
climactic 31
climate 31
climatic 31
climax 31
clinic 31
clinical 31
clockwise 178
coincide 22
coincidence 22
coincident 22
coincidental 22
collate 65
collocate 69
collocation 69
colloquial 71
colonial 43
colonialism 43
colonist 43
colonization 43
colonize 43
colonizer 43
colony 43
combat 11
combatant 11
combative 11
combination 152
combine 152
combined 152
comfort 56
comfortable 56
comfortably 56
comforter 56
comforting 56
comfortless 56
commence 61
commencement 61
commerce 72
commercial 72
commercialize 72
commode 75
commodious 75

commodity 75
common 33
commoner 33
commonly 33
commonplace 33
commonsense 33
commonwealth 33
communal 32
commune 名 32
commune 動 33
communicable 32
communicate 32
communication 32
communion 33
communiqué 33
communism 32
communist 32
community 32
companion 89
companionable 89
companionship 89, 173
company 89
compatriot 93
compel 103
compete 94
competence 94
competent 94
competition 94
competitive 94
competitiveness 94
competitor 94
complement 99
complementary 99
complete 98
completely 98
completeness 98
completion 98
compliance 99
compliant 99
compliment 99
complimentary 99
comply 99
component 100
compound 100
compulsion 103

compulsive 103
compulsory 103
compute 104
computer 104
computerization 104
computerize 104
computing 104
concentrate 18
concentrated 18
concentration 18
concentric 19
concise 26
concisely 26
conciseness 26
concision 26
concrete 39
concretion 39
condominium 47
confess 53
confession 53
confessional 53
confirm 54
confirmation 54
confirmed 54
congested 59
congestion 59
conjure 63
connotation 81
connote 81
conscience 110
conscientious 110
conscious 110
consciously 110
consciousness 110
consecrate 109
consecration 109
conservation 115
conservationist 115
conservative 115
conserve 115
conspiracy 127
conspirator 127
conspire 127
contemporaneous 135
contemporary 134

coordinate 87
coordination 87
coordinator 87
corporal 34
corporality 34
corporate 34
corporation 34
corporeal 35
corps 35
corpse 34
corpulence 35
corpulent 35
corpus 35
corpuscle 35
correlate 65
correlation 65
correlative 65
correspond 129
correspondence 129
correspondent 129
corresponding 129
correspondingly 129
corset 35
costume 44
counterclockwise 178
countervailing 143
courtship 173
cover 36
coverage 37
coveralls 37
covered 36
covering 36
coverlet 37
covert 形 37
covert 名 37
covertly 37
cover-up 37
create 38
creation 38
creative 38
creator 38
creature 38
crescent 39
crime 40
criminal 40

criminalization 40
criminalize 40
criminally 40
criminologist 40
criminology 40
crisis 40
criterion 41
critic 40
critical 40
critically 40
criticise 41
criticism 41
criticize 41
critique 40
crosswise 178
cult 43
cultivable 43
cultivate 42
cultivated 42
cultivation 42
cultivator 42
cultural 42
culturally 42
culture 42
cultured 42
custom 44
customary 44
customer 44
customize 44
customs 44
D
danger 47
dangerous 47
daunt 47
debase 9
debatable 11
debate 11
debater 11
decade 154
decadence 15
decadent 15
decagon 154
Decalogue 71
decapod 154
decathlon 154

decay 15
December 154
decentralization 19
decentralize 19
decide 24
decided 24
decidedly 24
deciduous 23
deciliter 154
decilitre 154
decimal 154
decimate 154
decimeter 154
decimetre 154
decision 24
decisive 24
declaim 29
declamation 29
declamatory 29
declension 31
declination 30
decline 30
declivitous 31
declivity 31
decrease 39
decrescent 39
defame 52, 53
demerit 73
demonstrate 76
demonstration 76
demonstrative 76
demonstrator 76
denationalize 78
denotation 81
denote 81
denounce 83
deplete 99
depopulate 101
depopulation 101
deputation 105
depute 105
deputize 105
deputy 105
deregulate 106
deregulation 106

desecrate 109
desecration 109
deserve 114
deservedly 114
despond 129
despondency 129
despondent 129
dessert 115
devaluation 142
devalue 142
devastate 141
devastating 141
devastation 141
devoid 141
diagnose 81
diagnosis 81
diagnostic 81
dial 45
dialog 70
dialogue 70
diary 45
dictatorship 173
diet 45
digest 58
digestible 58
digestion 58
digestive 58
dilate 65
dilation 65
disadvantage 150
disadvantaged 151
disadvantageous 150
disadvantageously 151
disaffirm 54
disarm 3
disarmament 3
discharge 13
disclaim 29
discomfort 56
discover 36
discoverer 36
discovery 36
discriminate 41
discriminating 41
discrimination 41

disinclination 30
disinclined 30
dislocate 69
dislocation 69
disloyal 67
dismal 45
disobedience 5
disobedient 5
disobey 5
disorder 87
disorderly 86, 87
disputable 104
disputation 104
dispute 104
dissect 112
dissection 112
disservice 115
dissidence 119
dissident 119
dissimilar 120
dissimilarity 120
dissimilate 121
dissolute 122
dissolution 122
dissolve 122
distemper 135
distinct 130
distinction 130
distinctive 130
distinctly 130
distinguish 130
distinguishable 130
distinguished 130
disuse 138
dodecagon 49
domain 47
dome 46
domestic 46
domesticate 46
domestication 46
domicile 47
dominance 46
dominant 46
dominate 46
dominator 47

dominion 47
double 48
doubly 48
doubt 48
doubter 48
doubtful 48
doubtfully 48
doubtless 48
downward 177
dozen 49
dual 49
duality 49
dubious 49
dubiously 49
duel 49
duet 49
duodecimal 49
duologue 49
duplex 49
duplicate 49
duplication 49
duplicity 49
dynamics 167
E
earthquake-proof 171
eastward 177
eccentric 18
eccentricity 18
ecocide 25
economic 170
economical 170
economics 166
economist 170
economize 170
economy 166
economy 170
Ecuador 51
effort 56
effortless 56
elated 65
elation 65
electron 166
electronic 166
electronics 166
elocution 71

eloquence 71
eloquent 71
embargo 7
embarrass 7
embarrassed 7
embarrassing 7
embarrassment 7
emperor 91
empire 91
endanger 47
enforce 57
enforcement 57
engineer 164
engineering 164
enormity 82
enormous 82
enormously 82
entomology 169
entreat 137
enunciate 83
epilog 71
epilogue 71
equable 51
equal 50
equality 50
equalize 50
equally 50
equanimity 51
equate 50
equation 50
equator 51
equatorial 51
equidistant 51
equilateral 51
equilibrium 51
equinox 51
equitable 51
equity 51
equivalence 51
equivalent 51,143
equivocal 51
equivocate 51
especially 124
esprit 127
ethic 167

ethical 167
ethically 167
ethics 166
etymology 169
eulogy 71
euphemism 97
euphemistic 97
euphonium 97
euphony 97
evacuate 140
evacuation 140
evacuee 140
evaluate 142
evaluation 142
evanescence 141
evidence 144
evident 144
evidently 144
exaggerate 59
exaggerated 59
exaggeration 59
excise 26
exclaim 28
exclamation 28
exclamatory 28
excrescence 39
excrescent 39
execrable 109
execrate 109
exit 60
expatriate 93
expiration 127
expire 126
expletive 99
exponent 100
expound 100
extempore 135
extemporize 135
extinct 131
extinction 131
extinguish 131
extinguisher 131
extraordinary 86
exult 132
eyewitness 145

F
fable 53
fabulous 53
facsimile 121
falsehood 165
fame 52
famed 52
famous 52
famously 52
farm 55
farmer 55
farmhand 55
farmhouse 55
farming 55
farmland 55
farmstead 55
farmyard 55
fatal 52
fatalistic 52
fatality 52
fatally 52
fate 52
fateful 52
fatherhood 165
fellowship 173
fireproof 171
firm 54
firmament 55
firmly 54
firmness 54
floriculture 43
force 57
forced 57
forceful 57
forcible 57
forcibly 57
forecast 16
forecaster 16
fort 56
forte 57
fortification 57
fortify 57
fortitude 57, 175
fortress 56
forward 176

fratricide 25
friendship 172
furl 55
G
gastronomic 170
gastronomy 170
genealogy 169
genocide 25
geology 169
geophysics 167
germicide 25
gesticulate 59
gesticulation 59
gesture 58
girlhood 165
gramophone 97
gratitude 175
H
handkerchief 20
handsome 174
hardship 173
heatproof 171
herbicide 25
homeward 177
homicidal 25
homicide 25
I
ideological 168
ideology 168
ignorance 81
ignorant 81
ignore 81
ill-treat 137
illation 65
illegal 66
illegality 66
illegitimacy 66
illegitimate 66
immoderate 74
immodest 75
impel 103
imperial 91
imperialism 91
imperialist 91
impetuosity 95

impetuous 95
impetus 95
implement 98
impulse 103
impulsive 103
imputation 105
impute 105
inadequacy 50
inadequate 50
inaudible 4
incidence 22
incident 22
incidental 22
incidentally 22
incise 26
incivility 27
inclination 30
incline 30
inclined 30
incompetence 94
incompetent 94
incomplete 98
incorporate 34
incorporated 34
incorporation 34
incorporeal 35
increase 38
increasingly 38
increment 39
incremental 39
indigestible 58
indigestion 58
indisputable 104
indistictly 130
indistinct 130
indistinguishable 130
indomitable 47
ineffable 53
inequality 50
inequitable 51
inequity 51
inevitable 141
infamous 53
infamy 53
infancy 52

infant 52
infantile 52
infantry 53
infirm 55
infirmary 55
infirmity 55
ingest 59
ingestion 59
iniquitous 51
initial 60
initially 60
initiate 61
initiation 61
initiative 60
injure 63
injurious 63
injury 63
injustice 62
innate 79
innovate 84
innovation 84
innovative 84
innovator 84
inordinate 87
insect 112
insecticide 112
insecticide 24
inseparable 90
insidious 119
insolvency 123
insolvent 123
inspiration 126
inspirational 126
inspire 126
inspired 126
inspiring 126
instigate 131
instinct 131
instinctive 131
insult 132
insulting 132
intemperance 135
intemperate 135
interlocutor 71
international 78

interrelated 65
interrelation 65
intersect 113
intersection 113
interview 146
interviewee 146
interviewer 146
invalid 143
invalid 143
invalidate 143
invaluable 142
invidious 145
inward 177
irksome 174
irregular 106
irregularity 106
irregularly 106
irresolute 122
irresponsibility 128
irresponsible 128
issue 61
itinerancy 61
itinerant 61
itinerary 61
itinerate 61
J
judge 62
judgement 62
judgment 62
judicature 63
judicial 63
judicious 63
jurisdiction 63
jurisprudence 63
juror 63
jury 63
just 62
justice 62
justifiable 62
justifiably 62
justification 62
justify 62
justly 62
K
kerchief 21

kingdom 47
know 80
knowledge 80
knowledgeable 80
L
latitude 175
latitudinal 175
law 67
lawful 67
lawless 67
lawyer 67
leadership 172
lean 31
legacy 66
legal 66
legality 66
legalize 66
legally 66
legislate 66
legislation 66
legislative 66
legislator 66
legislature 66
legitimacy 66
legitimate 66
legitimize 66
lieu 69
lieutenant 69
lightproof 171
likelihood 165
likewise 178
litigate 67
litigation 67
livelihood 165
loathsome 174
local 68
localism 68
locality 68
localize 68
locate 68
located 68
location 68
lock 69
locker 69
lockout 69

locomotion 69
locomotive 69
locus 69
locution 71
logic 70
logical 70
logo 71
lonesome 174
longitude 175
loquacious 71
loyal 67
loyalist 67
loyalty 67
M
magnitude 175
maltreat 137
maltreatment 137
market 73
marketability 73
marketable 73
marketing 73
marketplace 73
mathematical 167
mathematician 167
mathematics 167
matricide 25
megaphone 97
membership 172
mercantile 73
mercenary 73
mercer 73
merchandise 72
merchandising 72
merchant 72
merciful 72
mercifully 72
merciless 72
mercury 73
mercy 72
meridian 45
merit 73
meritocracy 73
meritorious 73
meteorology 169
microbe 155

microbiology 155
microbus 155
microchip 155
microcomputer 155
microfilm 155
micron 155
microorganism 155
microphone 96, 155
microscope 155
microwave 155
mile 156
mileage 156
milepost 156
milestone 156
millennial 157
millennium 157
milligram 157
milligramme 157
milliliter 157
millilitre 157
millimeter 156
millimetre 156
million 156
millionaire 156
millionth 156
millipede 157
mischief 20
mischievous 20
mischievously 20
mischievousness 20
mispronounce 83
mistreat 137
misuse 139
modal 75
mode 75
model 74
moderate 74
moderately 74
modern 74
modernity 74
modernize 74
modest 74
modesty 75
modification 75
modifier 75

192

modify 75
modish 75
modulate 75
module 75
mold 75
monarch 158
monarchical 158
monarchy 158
monaural 159
monition 77
monitor 76
monochrome 159
monocycle 159
monogamous 159
monogamy 159
monolingual 159
monolog 71, 159
monologue 71, 159
monophthong 159
monoplane 159
monopolist 158
monopolistic 158
monopolization 158
monopolize 158
monopoly 158
monorail 159
monosyllable 159
monotheism 159
monotone 158
monotonous 158
monotonously 158
monotony 158
monoxide 159
monster 76
monstrosity 76
monstrous 76
monument 77
monumental 77
monumentally 77
mood 75
motherhood 165
mould 75
mountaineer 164
mountaineering 164
multicultural 161

multiculturalism 161
multifarious 161
multilateral 160
multilingual 161
multimedia 161
multimillionaire 161
multinational 160
multiparty 161
multiple 160
multiplex 161
multiplication 160
multiplicity 160
multiply 160
multipurpose 161
multiracial 161
multitude 161
multitude 175
multitudinous 161
muster 77
mythology 169
N
naiveté 79
naive 79
nascent 79
natal 79
nation 78
national 78
nationalism 78
nationalist 78
nationalistic 78
nationality 78
nationalize 78
nationally 78
nationwide 78
native 79
natural 78
naturalism 78
naturalist 78
naturalize 78
naturally 78
nature 78
neckerchief 21
neighborhood 165
neoclassical 85
Neolithic 85

neologism 71, 85
neonate 85
nescience 111
nescient 111
new 85
newborn 85
newcomer 85
newly 85
news 85
newscast 16
newscaster 17, 85
newspaper 85
norm 82
normal 82
normalcy 82
normality 82
normalize 82
normally 82
northward 177
notable 80
notably 80
note 80
noted 80
noteworthy 80
notice 80
noticeable 80
notification 81
notify 81
notion 81
notional 81
notoriety 81
notorious 81
nova 85
novel 形名 84
novelette 84
novelist 84
novelty 84
novice 84
noviciate 84
novitiate 84
O
obedience 5
obedient 5
obey 5
oblation 65

observable 115
observance 115
observant 115
observation 115
observatory 115
observe 115
observer 115
obsess 116
obsession 116
occasion 14
occasional 14
occasionally 14
Occident 22
occidental 23
omniscience 111
omniscient 111
onward 177
opponent 100
optics 167
ordain 87
order 86
orderly 86, 87
ordinal 86
ordinance 87
ordinarily 86
ordinary 86
orient 88
oriental 88
orientation 88
origin 88
original 88
originate 88
otherwise 178
outcast 17
outward 177
overcharge 13
ownership 173
P
pamphleteer 164
panada 89
pannier 89
pantry 89
papa 93
papal 93
parade 90

pare 91
parricide 25
parry 91
partnership 173
paternal 93
paternalism 93
paternalistic 93
paternally 93
paternity 93
pathology 169
patriarch 93
patriarchal 93
patriarchy 93
patrician 93
patricide 25, 93
patrimony 93
patriot 92
patriotic 92
patriotism 92
patron 92
patronage 92
patronize 92
pattern 92
people 101
perish 61
perpetual 95
perpetually 95
perpetuate 95
perpetuation 95
perpetuity 95
perspiration 127
perspire 127
perusal 139
peruse 139
pesticide 24
petition 95
petitioner 95
petulant 95
philology 71
phone 97
phoneme 97
phonetic 97
phonetician 97
phonetics 97, 167
phonic 97

phonics 97
phonogram 97
phonograph 97
phonology 97
physical 167
physically 167
physician 167
physicist 167
physics 167
physiological 169
physiologist 169
physiology 169
pioneer 164
plenary 99
plenipotentiary 99
plenteous 98
plentiful 98
plenty 98
politics 167
pope 93
populace 101
popular 101
popularity 101
popularization 101
popularize 101
populate 101
population 101
populous 101
portrait 137
portraitist 137
portraiture 137
portray 137
portrayal 137
possess 116
possessed 116
possession 116
possessive 116
possessor 116
postpone 100
precise 26
precisely 26
precision 26
predominance 47
predominant 47
predominantly 47

predominate 47
preface 53
prefatory 53
pregnancy 79
pregnant 79
prejudge 63
prejudice 63
premonition 77
premonitory 77
prenatal 79
preparation 90
preparatory 90
prepare 90
prescience 111
prescient 111
preservation 115
preservative 115
preserve 115
preserver 115
preside 118
presidency 118
president 118
presidential 118
prevail 143
prevailing 143
prevalence 143
prevalent 143
preview 147
primordial 88
privilege 67
proclaim 28
proclamation 28
profess 53
profession 53
professional 53
professor 53
profiteer 164
prolocutor 71
prolog 70
prologue 70
pronounce 83
pronouncement 83
pronunciation 83
prophecy 97
prophesy 97

prophet 53, 97
prophetic 97
proponent 100
propound 100
provide 144
provided 144
providence 144
provident 144
providing 144
provision 144
provisional 144
prudence 145
prudent 145
psychological 168
psychologist 168
psychology 168
public 102
publication 102
publicity 102
publicize 102
publicly 102
publish 102
pulsate 103
pulse 103
purvey 145
purveyor 145
purview 147
putative 105
Q
quarrelsome 174
R
racketeer 164
rail 107
realm 107
rebate 11
reclaim 29
reclamation 29
recline 30
recliner 30
reconfirm 54
recover 36
re-cover 37
recoverable 36
recovered 36
recovery 36

recreate 38
re-create 38
recreation 38
recreational 38
recruit 39
rector 107
redouble 48
regal 107
regency 107
regent 107
regicide 25, 107
regime 106
regimen 106
regiment 107
regimental 107
regimentation 107
region 106
regional 106
regionally 106
register 59
registered 59
registrar 59
registration 59
registry 59
regular 106
regularity 106
regularize 106
regularly 106
regulate 106
regulation 106
regulator 106
reign 107
reinforce 57
reinforcement 57
relate 64
related 64
relation 64
relationship 64, 172
relative 64
relatively 64
relativity 64
relocate 69
relocation 69
remodel 75
remonstrance 77

remonstrate 77
remonstrative 77
Renaissance 79
renascent 79
renew 85
renewable 85
renewal 85
renounce 83
renovate 85
renovation 85
repair 91
repairable 91
repairer 91
repairman 91
reparable 91
reparation 91
repatriate 93
repatriation 93
repeal 103
repeat 95
repeated 95
repeatedly 95
repeater 95
repetition 95
repetitious 95
repetitive 95
replenish 99
replete 99
republic 102
republican 102
republicanism 102
repulse 103
reputation 104
repute 104
reputed 104
reputedly 104
reservation 114
reserve 114
reserved 114
reservoir 114
reside 118
residence 118
resident 118
residential 118
residue 119

resolute 122
resolution 122
resolvable 122
resolve 122
resolved 122
resolvent 122
respiration 127
respirator 127
respire 127
respond 128
response 128
responsibility 128
responsible 128
responsive 128
result 132
retreat 137
review 146
reviewer 146
right 107
royal 107
rule 107
ruler 107
rustproof 171
S
sacrament 109
sacred 108
sacrifice 108
sacrificial 108
sacrilege 109
sacrilegious 109
sacrosanct 109
saint 109
saintly 109
salient 132
salmon 132
sanctification 109
sanctify 109
sanctimonious 109
sanction 108
sanctity 109
sanctuary 108
sanctum 109
sauté 132
saxophone 96
scholarship 173

sci-fi 111
science 110
scientific 110
scientist 110
sciolism 111
sciolist 111
scissors 26
seat 117
seaward 177
section 112
sectional 112
sector 112
sedate 117
sedative 117
sedentary 117
sediment 117
sedimentary 117
sedimentation 117
sedition 61
seditious 61
segment 113
segmentation 113
segmented 113
self-centered 19
semiannual 163
semiaquatic 163
semiautomatic 163
semicircle 162
semicircular 162
semicolon 162
semiconductor 163
semiconscious 163
semidetached 163
semifinal 162
semifinalist 162
semiformal 163
semimonthly 163
semipermanent 163
semiprecious 163
semiprofessional 163
semiretired 163
semitransparent 163
semitropical 162
semivowel 163
semiweekly 163

separable 90
separate 90
separately 90
separates 90
separation 90
separator 90
serf 115
sergeant 115
sericulture 43
servant 114
serve 114
server 114
service 114
session 116
set 117
settle 117
settled 117
settlement 117
settler 117
sever 91
several 91
severance 91
sex 113
sexism 113
sexist 113
sexless 113
sexual 113
sexy 113
siege 119
similar 120
similarity 120
simile 121
similitude 121
simulate 121
simulated 121
simulation 121
simulator 121
simulcast 121
simultaneity 120
simultaneous 120
simultaneously 120
sit 119
slantwise 178
sociology 169
soliloquy 71

solitude 175
soluble 122, 123
solution 122
solvable 122
solve 122
solvency 123
solvent 123
soundproof 171
southward 177
special 124
specialist 124
speciality 124
specialization 124
specialize 124
specialized 124
specially 124
specialty 124
species 124
specific 124
specifically 125
specification 124
specify 124
specimen 125
specious 125
spice 125
spiracle 127
spirit 126
spirited 126
spiritual 126
spiritualism 126
spirituality 126
spiritually 126
spirituous 126
sponsion 129
sponsor 128
sponsorship 129
spontaneity 129
spontaneous 129
spontaneously 129
sportsmanship 173
sprightly 127
stake 131
statistics 167
stick 動名 131
sticky 131

stigma 131
stimulant 131
stimulate 131
stimulation 131
stimulus 131
sting 130
stinger 130
stitch 131
stockade 131
style 131
stylus 131
subconscious 110
subnormal 82
subordinate 86
subordination 86
subservience 115
subservient 115
subside 119
subsidence 119
subsidiary 119
subsidy 119
suggest 58
suggestible 58
suggestion 58
suggestive 58
suicidal 24
suicide 24
summon 77
summons 77
superlative 64
supernatural 79
supernormal 82
supersede 117
supplement 99
supplementary 99
supplier 98
supply 98
surveillance 145
survey 145
surveyor 145
suspire 127
symphonic 96
symphony 96
T
tactic 167

tactical 167
tactician 167
tactics 167
taxonomy 170
technical 133
technician 133
technique 133
technocracy 133
technological 133, 168
technologist 133, 168
technology 133, 168
telecast 17
telephone 96
temper 135
temperament 135
temperamental 135
temperance 135
temperate 135
temperature 134
tempest 135
tempestuous 135
tempo 134
temporal 135
temporarily 134
temporary 134
temporize 135
tense 135
terminology 169
theology 169
tiresome 174
toward 176
towards 176
trace 137
track 137
trail 136
trailer 136
train 136
trained 136
trainee 136
trainer 136
training 136
trait 137
transit 60
transition 60
transitional 60

transitory 60
translatable 64
translate 64
translation 64
translator 64
transpire 127
treat 137
treatise 137
treatment 137
treaty 137
trigger 137
trilogy 71
troublesome 174
U
unarmed 2
uncivil 27
uncivilized 27
uncomfortable 56
uncommon 33
uncommonly 33
unconscious 110
unconsciously 110
unconsciousness 110
uncover 37
undecided 24
undercharge 13
uneconomical 170
unequal 50
unequally 50
unfurl 55
unjust 62
unjustly 62
unlock 69
unnatural 78
unpopular 101
unpopularity 101
unrelated 64
unreserved 114
unscientific 110
unusual 138
unusually 138
unwholesome 174
unwise 145
upward 177
usage 138

use 138
useful 138
usefully 138
usefulness 138
useless 138
usual 138
usually 138
usurer 139
usurious 139
usurp 139
usurpation 139
usury 139
utensil 139
utilitarian 139
utility 139
utilization 139
utilize 139
V
vacancy 140
vacant 140
vacate 141
vacation 140
vacationer 140
vacuity 141
vacuous 141
vacuum 140
vain 141
vainly 141
valiant 143
valid 143
validate 143
validity 143
valor 143
valour 143
valuable 142
valuation 142
value 142
valueless 142
vanish 141
vanity 141
vast 141
vastly 141
vastness 141
venturesome 174
vicissitudes 175

video 144
videocassette 144
videodisc 144
videotape 144
view 146
viewer 146
viewpoint 147
visit 61
vivisection 113
void 141

volunteer 164
W
waterproof 171
wayward 177
wearisome 174
westward 177
wholesome 174
wisdom 145
wise 145
wisecrack 145

wisely 145
wit 145
witless 145
witness 145
witty 145
worship 173
X
xylophone 97
Z
zoology 169

▼参考文献

『英単語記憶辞典』山田虎雄　1985年　開文社出版
『新編英和活用大辞典』市川繁治郎編集代表　1995年　研究社
『英語語源辞典』寺澤芳雄編集主幹　1997年　研究社
『新英和中辞典』（第7版）竹林滋他　2003年　研究社
『語源中心英単語辞典』田代正雄　2005年　南雲堂
『ルミナス英和辞典』（第2版）竹林滋他　2005年　研究社
『ライトハウス英和辞典』（第5版）竹林滋他　2007年　研究社
Encarta World English Dictionary. 1999
Online Etymology Dictionary. 2001
Longman Dictionary of Contemporary English（Fifth edition）, 2009

監修者略歴

池田　和夫（いけだ　かずお）
1951年，千葉県南房総市生まれ．茨城大学教育学部英文科卒．千葉県立浦安高校，八千代高校，千葉東高校，船橋豊富高校，若松高校を経て，2009年より幕張総合高校教諭．岩崎研究会会員，日英言語文化学会会員，千葉県高等学校教育研究会国際教育研究部会理事．
主な著書
『語根で覚える英単語』（研究社），『日英比較・英単語発想事典』（三修社，執筆者），『英単語にまつわる話100』（啓林館），『新高校英語へのアプローチ』（研究社），『辞書学辞典』（研究社，共訳），『ライトハウス英和辞典』（研究社，編集委員），『カレッジライトハウス英和辞典』（研究社，執筆者），『ルミナス英和辞典』（研究社，執筆者），『ライトハウス英和辞典の使い方』（研究社），『ルミナス英和辞典の使い方』（研究社）．その他に検定教科書『英語Ⅰ』『英語Ⅱ』『リーディング』『ライティング』の執筆委員を歴任．

| 語根で覚える英単語　プラス ─語源によるサクサク英単語 10 倍記憶法

2010 年 6 月 25 日　初版発行
2016 年 4 月 28 日　2 刷発行

監修者
池田和夫（いけだかずお）

編集者
研究社辞書編集部（けんきゅうしゃじしょへんしゅうぶ）

Ⓒ Kazuo Ikeda, 2010

発行者
関戸　雅男

発行所
株式会社　研　究　社

〒102-8152　東京都千代田区富士見 2-11-3
電話　営業（03）3288-7777（代）　　編集（03）3288-7711（代）
振替　00150-9-26710
http://www.kenkyusha.co.jp/

印刷所
研究社印刷株式会社

装丁・デザイン
株式会社イオック（目崎智子）

本文イラスト
株式会社イオック（井上秀一）

ISBN 978-4-327-45231-5　C1082　Printed in Japan

KENKYUSHA
〈検印省略〉